台湾的客家人

丛书主编 ⊙ 林仁川

孙 键 ⊙ 编著

海峡出版发行集团
福建教育出版社

图书在版编目(CIP)数据

台湾的客家人/孙键编著. —福州:福建教育出版社,2016.1
(图文台湾/林仁川主编)
ISBN 978-7-5334-6739-5

Ⅰ.①台… Ⅱ.①孙… Ⅲ.①客家人－民族历史－研究－台湾省 Ⅳ.①K281.1

中国版本图书馆 CIP 数据核字(2015)第 011722 号

图文台湾
Taiwan de Kejiaren

台湾的客家人
主编:林仁川　编著:孙　键

出　版	海峡出版发行集团 福建教育出版社 (福州梦山路 27 号　邮编:350001　网址:www.fep.com.cn) 编辑部电话:0591—83786905 发行部电话:0591—83721876　87115073　010—62027445)
出 版 人	黄　旭
印　刷	福州华彩印务有限公司印刷 (福州市福兴投资区后屿路 6 号　邮编:350014)
开　本	720 毫米×1000 毫米　1/16
印　张	6.75
插　页	2
版　次	2016 年 1 月第 1 版　2016 年 1 月第 1 次印刷
书　号	ISBN 978-7-5334-6739-5
定　价	28.00 元

如发现本书印装质量问题,请向本社出版科(电话:0591—83726019)调换。

编　辑　说　明

台湾是祖国的宝岛。台湾物产丰富，风景优美，我们都知道那里有美丽的阿里山和日月潭，有热情好客的高山族同胞和丰盛的水果，但是，真正了解台湾的过去与现状的人，其实并不多。随着两岸文化、经济交流的日益活跃和深化，以及大陆对台旅游业的开放，大陆民众尤其是广大的青少年朋友，都迫切希望能够更多地认识台湾，了解台湾。福建与台湾仅一水相隔，有着地缘相近、血缘相亲、文缘相承、商缘相连、法缘相循的"五缘"优势，两地关系源远流长。作为海峡西岸的福建地方出版社，通过出版物，让对台湾只有一般概念的普通大众，能够真切地走近台湾，了解台湾，以此增进两岸民众的相互了解与理解，这是我们义不容辞的责任。基于这样的出发点，我们从 2006 年就开始策划这套"图文台湾"丛书，聘请了厦门大学台湾研究中心主任林仁川来担任主编，以使这套丛书做到真实性与可读性的完美结合。

"图文台湾"丛书是一套内容丰富、纵横兼顾、"文献有征"而细节具体生动又好读的书，丛书包含了台湾的历史、人文地理、文学、教育、经济、民间信仰、民俗、民系等内容，以平实而简洁的语言，配以珍贵的资料图片，让图文互相补充，把台湾的过去与现在的方方面面都清晰而生动地展现在你的面前：它将带你沿着台湾先民的足迹，察看宝岛台湾如何承袭祖国大陆的文明，一路曲折走来，走出与祖国大陆既相同又有差异的风貌；它还将带你穿越宝岛太鲁阁等美丽而险峻的自然生态景观，漫游板桥林家花园等古色古香的园林，品味传承与变迁的台湾"中华料理"和独特的台湾少数民族饮食，领略异彩纷呈、兼容并蓄的台湾文化和民俗生活；同时，它还会告诉你从台中大甲镇——一个小镇走出的世界品牌"捷安特（GIANT）"三十年发展的故事，告诉你素有"纺织女王""汽车皇后""铁娘子"称号的台湾裕隆集团董事长、台湾工商业界的传奇女性——吴舜文女士多姿多彩的人生经历……

现在这套丛书就摆在你的面前，翻开它，让它领你踏上穿越台湾的文化之旅、快乐之旅吧，相信你一定会有所收获的。

福建教育出版社

序　言

林仁川

宝岛台湾是我国的第一大岛，位于祖国东南沿海的大陆架上。岛上风景秀丽、气候暖和、物产丰富，极宜人类生存与发展。台湾居民绝大部分是从大陆直接或间接迁徙过去的，他们与台湾少数民族一起披荆斩棘，历尽艰辛，为开发和建设宝岛做出了卓越的贡献。

随着大陆人民的大批迁入，大陆较先进的生产技术、文化教育、文学艺术和风俗习惯不断地移植台湾，促进了当地社会经济的发展和文化艺术的繁荣，使台湾文化成为中华灿烂文化的一个重要组成部分。

但是，自1895年以来，由于日本帝国主义的侵占和1949年以后两岸的长期隔绝，大陆人民对台湾的了解十分有限。虽然，20世纪80年代以后，有大批的台商和各界人士纷纷渡过台湾海峡，到大陆经商和从事文化交流，然而大陆人民进入台湾还是比较困难的，特别是广大的青年学生迫切希望了解台湾社会经济、历史文化。为了让大陆人民特别是大陆的青少年能比较全面、真实地了解台湾，厦门大学台湾研究中心组织了一批研究台湾的学术工作者编写了"图文台湾"丛书。这套丛书以翔实的史料、精美的图片、通俗的语言，从社会、经济、文化等各个方面介绍台湾的情况，既追述两岸人民共同开发建设台湾的艰苦历程，也颂扬两岸人民抗击外国侵略、收复台湾、保卫台湾的光辉业绩，同时展示台湾的美丽景观、民俗风情、民间信仰和文化艺术。

　　我们期望，这套图文并茂的通俗读物能陪伴你一起追忆历史，探访民俗，欣赏台湾的秀丽风光，让你从容地穿梭于时光隧道，流连于古迹佳景，轻松愉快地享受一趟台湾宝岛的文化之旅。

目录 Contents

引子 /1

一 客从何来：漂洋过海渡合苦 /4
　　（一）本为中原人 /4
　　（二）播迁入台湾 /9
　　（三）逆境中求生 /13
　　（四）薪火相传的客家精神 /17

二 扎根台湾：耕读垦殖创业艰 /20
　　（一）耕垦立家 /20
　　（二）读书传家 /23
　　（三）社会组织和社会生活 /27

三 客家之光：群芳璀璨宝岛星 /48
　　（一）保家卫国，反抗侵略 /48
　　（二）现当代台湾各界的客家名流 /55

四 慎终追远：两岸客家交流亲 /74
　　（一）台湾客家人的寻根之旅 /75
　　（二）敬恭桑梓，回报祖地 /84
　　（三）两岸客家的文化交流 /85

结束语 /96

参考文献与图片来源 /98

引　子

客家人，一个神秘的名称。有人说，有太阳的地方就有中国人，有中国人的地方就有客家人。还有人说，哪里有阳光，哪里就有客家人；哪里有一片土，客家人就在那里聚族而居，艰苦创业，繁衍后代。那么，到底何谓客家人呢？它的源头又在何处呢？它又何时从大陆迁往台湾的呢？

单单一个"客家"的称谓，迄今为止，就有不少学者对其进行考证、研究，但众说纷纭，莫衷一是。最古老的说法，说客家即是夏家，"客"与"夏"是谐音，几千年说来，"夏"则成了"客"。所以客家的祖先或先民，就是发祥于我国中原的华夏民族。最遥远的说法是，客家即"Hakka"，这个称谓来自俄罗斯的历史文献中。据记载，在俄罗斯西伯利亚地区，与中国西北接壤处，曾有一个被称为Hakka的部族，它很可能就是后来中国客家人的先民，因为时至今日，国外仍沿用Hakka这一名称，它读成中文便是客家。最权威的说法来自著名的客家学专家、文化大师罗香林，

◎客家学专家、文化大师：罗香林

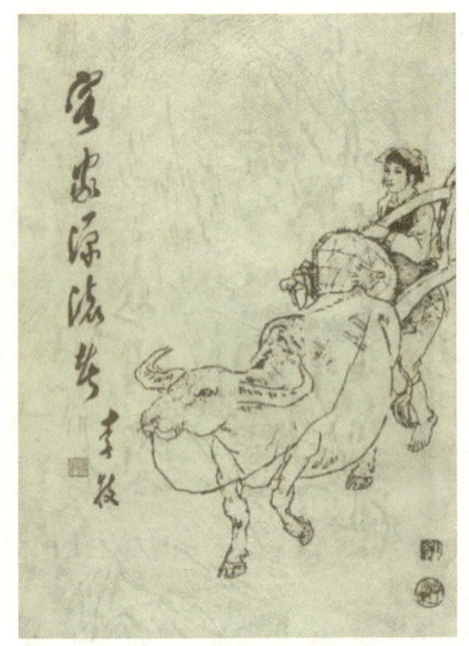

◎《客家源流考》书影

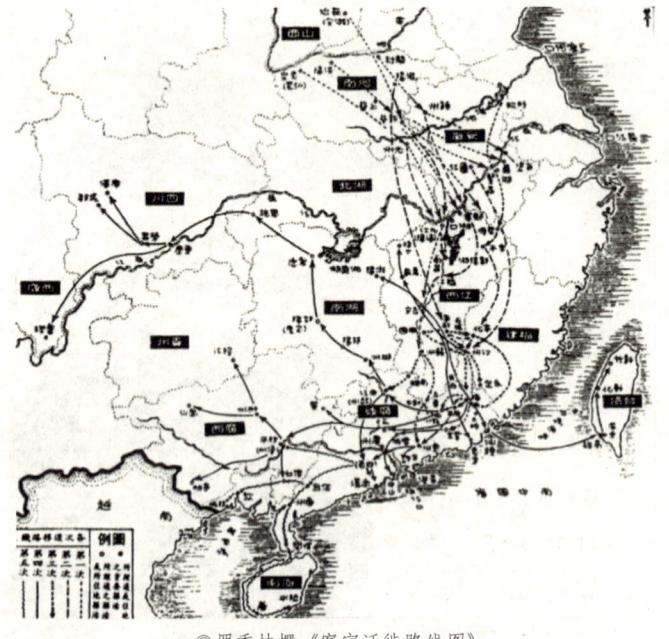

◎罗香林撰《客家迁徙路线图》

他在客家研究奠基之作《客家源流考》中称："至于客家的名称的由来，则在五胡乱华，中原人民辗转南迁的时候，已有'给客制度'……可知客家的'客'字，是沿袭晋元帝诏书所定的。其后到了唐代，政府簿籍乃有'客户'的专称。而客家一词，则为民间的通则。"众所周知，晋室南渡，是在南方"侨置"了不少原来北方才有的县市，而北方中原汉人，也就成了"侨客"。先到为主，后到为客，千古皆然。罗香林的说法一直被视为权威。自罗香林之后，也有人提出了异议，他们认为自五代、两宋以至明初，闽粤赣三省交界、今日被称为"客家大本营"的地方并没有自唐宋以来就自称为客家的移民，也不存在客家方言，更没有名为客家的民系。因此，权威罗香林的说法只是一种臆断，而"客家"的称谓，则是因为明中叶至清初时，专门对三省交界处大批外来的移民而起的。更有来自国外的学者，如美国学者康斯坦堡认为，"客家"是广府人对清初由粤东迁来三角洲新移民的称谓，起初并无恶意，后来两个族群由于争夺土地，互相仇视，客家人便和自称"本地人"的广府人对立，最后以方言为识别，形成一个以"客家"为名的民系。

一个"客"字竟引发如此多的争论，但有一条是毋庸置疑的：客家人是炎黄子孙，并经历了千年的大迁徙，在迁徙中谋生存，在生存中谋发展。

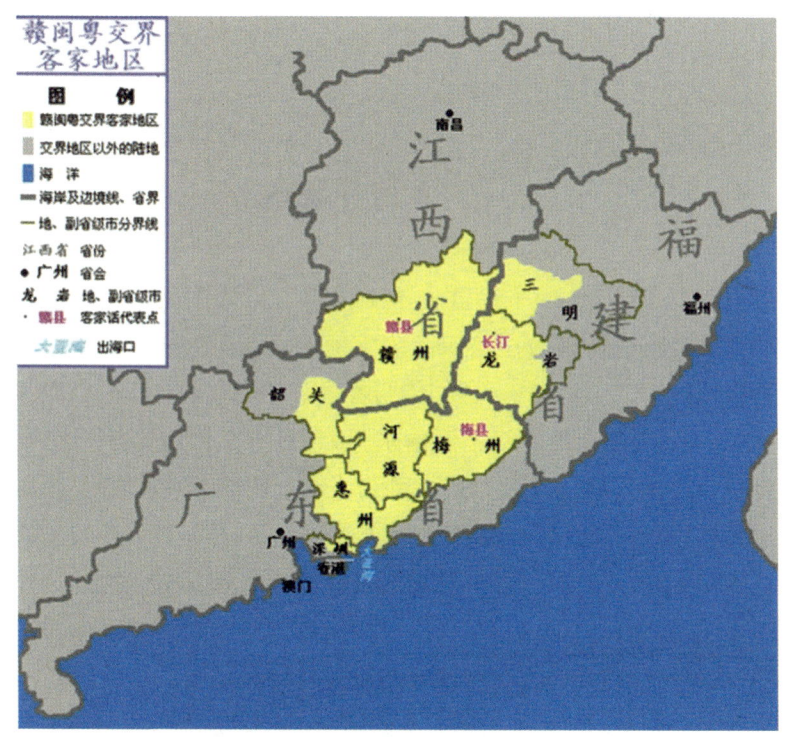

◎客家人大本营示意图

一　客从何来：漂洋过海渡台苦

（一）本为中原人

"筚路桃弧辗转迁，南来远过一千年；方言足证中原韵，礼俗犹留三代前。"晚清杰出诗人黄遵宪的这首诗是对客家历史渊源的概括。

《辞海》"客家"条目载："相传西晋永嘉年间（4世纪初），黄河流域的一部分汉人，因战乱南徙渡江，至唐末（9世纪末）以及南宋（13世纪末），又有大批过江南下至赣闽以及粤东、粤北等地，被称为'客家'，以别于当地原来的居民，以后遂相沿而成为当地汉人的自称。"尽管近几年日益兴盛的客家研究对客家的源流众说纷纭，但客家人确确实实是其定居地的"外来户"，

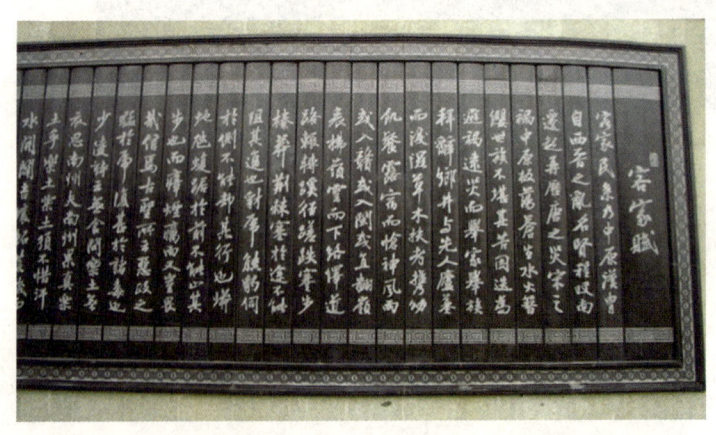

◎梅州客天下旅游产业园中的《客家赋》书法

也就是说，故乡同样是异乡。客家人作为汉民族一个独特而稳定的民系，他们打破了安土重迁的精神枷锁，远行在路上。客家的血缘是流浪的血缘，他们在经历了千年迁徙的苦痛后继续漂泊，翻山越岭，漂洋过海。他们既"家而客焉"，即在故乡作客，又"客而家焉"，在荒芜的异乡构筑起新的家园。

◎梅州客天下旅游产业园中的"客家迁徙图"浮雕

因此，客家人是"移民"，他们是"下南洋"大军中的重要组成部分。客家迁徙和中国历史上的闯关东、走西口等一样，对中国的历史产生了巨大的影响。

"移民"这个字眼听起来往往和"流民"画等号，尽管如此，它却具有一种金属般的特质，掷地有声，在某种意义上等同于英雄和开拓者。客家人是北方汉人南迁移民中的一支，在漫长的岁月里，筚路蓝缕、颠沛流离、历尽艰辛，从而形成一个有着数千万子民的民系。客家人的"源"，即他们的大本营就在"河洛"。因此客家人又称为"河洛郎"（现在我们所说的"河洛郎"，并不等于客家人，这一点是需要注意的！现在人们常说的"河洛郎"是闽南语"Hōk ló láng"一词的音译，其本字是"河佬人"）。所谓河洛，指的是黄河和洛河。河洛位于黄河中游南岸的腹心，南为外方山（嵩山）、伏牛山，北界黄河，遥望太行，西为秦岭与关中平原，东为豫东大平原。北通幽燕，南到江淮。诚然，客家的根在河洛，绝对不是说所有的客家人都出自河洛，它的来源范围要大得多，包括黄河以南、长江以北、淮河以西、汉水以东，即所谓的中原旧地，包括并州、司州、豫州一带，乃至黄河以北的赵、魏之地。

客家南迁，始于秦代。其后大举南迁共有四次：一是在晋朝永嘉之乱后，怀、愍二帝被掳，中原之地沦于异族，汉民族相率南下；二是在唐末，黄巢

◎表现客家人大迁徙的图腾柱

起义,兵连祸结,民不聊生,中原居民再度南迁;三是宋室南渡,文天祥起兵勤王,忠义之士追随皇室,辗转五岭之南、珠江东西,并定居下来;四是明清之间,客家人或开辟新地,或躲避战祸,或"复界"垦殖,形成又一次大规模南迁。客家人南迁的终点主要集中在广东东北部、江西东南部、福建西南部一带,即所谓的"闽粤赣边区"。这三个区域实际上是连在一起的,成为客家人聚居之地。

从历史的演变情况来看,客家人属于"后至移民",可种之土地、可耕之田野,都为土著和捷足先登者所有,故不得不在山区和内河上游盆地寻找出路。他们不但要奋勇抵抗异族的侵扰,还要与当地的土著竞争,终于依靠中原文化的力量,在闽粤赣边区站住了脚。经过有明一代的休养生息,客家人以此为中心,再向四面八方迁徙,其足迹开始遍布整个中国南部、东部沿海及台湾岛,乃至世界各地。从此,闽粤赣边区山地成了客家人的大本营。

当然了,中原汉人也有因旱灾水患逃荒而南迁者,另有历代宦任、贬谪、经商、游学而定居闽粤赣边区的,但并不是所有南迁的汉人都成为客家人,他们中只有闽粤赣系和源自这一系的人,才被称为客家人。

应该说,无论客家人迁徙到何地,源自中原、根在河洛是遍布世界各地所有客家人的共识,正所谓"唯唯客家,系出中原"。

1. 两千客家人赴中原寻根拜祖

"要问客家哪里来?客家来自黄河边。要问客家哪里住?逢山有客客住山。"诵着这首千年铭记在心的歌谣，2003年10月27日，世界客属第十八届恳亲大会在河南郑州举行隆重的开幕式。来自世界近30个国家和地区的2600多名客家人代表齐聚黄河岸边的中原祖根地——河南省，畅叙浓浓的乡情。旅居世界各地的客家人是中华民族的一个优秀分支，历经千年风雨的洗礼，现在已达数千万之众，遍布华夏，广居各洲。客家人在辗转迁徙的过程中，逐渐形成了独特的客家文化形态和坚韧不拔的奋斗精神，以及质朴的爱国、爱乡情结。此次世界客属恳亲大会掀起了新一轮的中原寻根热。

◎世界客属总会高雄分会参加世界客属第十八届恳亲大会的代表

"终于回到老家了，我兴奋着呢。"一下飞机，全球客家崇正联合总会会长、85岁的香港老人黄石华先生就紧紧握住前来欢迎人员的

◎高雄市"新桃苗"同乡会代表

手，大声表达自己激动的心情。当听到礼宾小姐没有称他"贵宾"而直呼"客家乡亲"时，黄老先生十分高兴："这才是回家了。我祖籍信阳潢川，是地地道道的河南老乡呀。"台湾世界客属总会名誉会长饶颖奇先生一踏上中原大地就赶往洛阳、登封等地参观。龙门石窟的博大、少林寺塔林的神秘，让饶先生感慨不已。谈到"回家"的感受，饶先生说，"这里充满了浓厚的客家乡情和中原亲情，让我们备感亲切，真是客属一家亲呀。"河南是客家人的祖根地。在河南举办的本次大会也成为历届客属恳亲大会中参加人数最多、规模最大的一次。"寻根"的主题贯穿于这次大会的各项活动中，黄帝故里、黄河岸边、河南博物院等地都迎来了不少"客家乡亲"。黄河岸边，望着滔滔

东去的黄河水,来自香港的陈泰元先生激动地对记者说:"早听祖辈们说,根在河洛。这次有幸回到祖根地,一定要到洛阳、开封看一看,还要到陈姓的发源地淮阳县祭一祭老祖先。"

2. 台湾客家人李纯恩六赴洛阳寻根

台湾"中国广播公司"客家频道主持人、《全球客家邮报》社社长李纯恩先生为了帮客家人寻根,二十多年来,六次奔赴洛阳,到民间寻访客家文明之根。他曾多次来到龙门石窟、白马寺,"千年帝都"源远流长的历史文化,让李纯恩感到非常亲切。他接受采访时表示,台湾客家文化源自历史悠久的河洛地区。2008年,美国《国家地理杂志》奔赴台湾屏东、花莲、宜兰等地的客家人社区,拍摄客家人奇特的让世人称奇的"二次葬"习俗。据李纯恩介绍,二次葬是古代洛阳人和整个中原地区汉族人的习俗,可惜中原地区的二次葬传统已经消失,台湾客家人却完整地保留了下来。二次葬指的是死者被土葬十年后,后人把他的遗骨再挖出来,从头骨到脚趾骨,一点一点用火焚烧成骨灰,放在坛子内,郑重地摆放在祖厝(祭祀祖先的场所)内,接受后代子孙的顶礼膜拜。"有万年的宗族,无万年的侄叔。"这句话反映了台湾客家人浓重的家族观念。在李纯恩家里,端端正正地放着一个"传家碗",碗上写明李家的原乡在陕西基洛寨李家村;李家女性代代相传一个肚兜,上面绣了不少汉字,记载了李家从李家村一路出发迁徙广东,郑成功收复台湾时又迁徙到台湾屏东县的历史。中国社会科学院资深研究员郑张尚芳认为,"洛阳读书音"是中国古代的"普通话",古代的洛阳话有八个声调:平上去入分清浊,诗歌中的平平仄仄其实是古代洛阳人说话的特点。可惜,现在的洛阳人发音,只剩下四个声调了。李纯恩称台湾客家人完整保留了很多"洛阳读书音"的传统,八调齐全。

◎用于二次葬的陶瓮

（二）播迁入台湾

在由北到南的艰难迁徙中，因种种原因，大陆所有的路途都被决绝地抛在了身后。这些路途对于别人而言，是走向富裕、升迁的捷径，意味着无限多样的可能性，但对于被逼到海边悬崖的客家人，无边的苦海成了最后的选择，这万顷波涛要么是自己的葬身之地，要么是通向光荣的血路。既然回头无岸，就是死也要死在还存留着一丝生机和希望的远方，让灵魂化成大海上自由的浪花，坚决不让自己成为刀俎上任人宰割的鱼肉。即使死于自己的冒险，也要比在别人的胯下偷生来得壮烈。

客家先民四处迁徙，以致处处为客，处处为家。不断的迁徙，使得客家先民快要与"迁徙民族"划上等号了。清康熙年间，客家人由大陆原乡渡海到台，开疆辟地。清代台湾的客家人，绝大部分来自粤东的潮州、惠州及嘉应州和闽西的汀州。汀州和嘉应州分别位于韩江流域上游的汀江流域和梅江流域，四周群山环绕，西以高峻的武夷山与赣江流域为界，西南以低矮的大望山与东江流域为界，南以莲花山及其支脉与韩江三角洲为界，界山山脉有许多都高达一千公尺以上；东以广大的博平岭与九龙江流域为界，北则为闽江流域沙溪的上游山区，山峰也多在一千余公尺。除经大望山与东江流域联络较为方便外，四周高峻崎岖的山脉成为汀州府和嘉应州对外联络的障壁。

客家人入台的最早历史，或可追溯到明朝中期。当时活跃在潮州西部山区的"山寇"有不少是客属子弟，如著名的"山寇"头子林道干、林凤，据考，前者是惠来客家人，后者是饶平客家人。他们之所以为寇，多半是因苛政如虎，天灾频仍，加之时值粤东人多地少矛盾严重，那些无地或少地的贫民，生活无着，被迫铤而走险，聚众武装对抗官府，打劫富豪，遂成"山寇"，以后又受到官府的围剿，转向海上发展，成为"海盗"。林道干于嘉靖四十二年（1563年）率众入台，落籍高雄，足迹遍及台湾岛南北各地。林凤于万历初年（1573~1575年）率万人赴台，经年始去。这两人本身既是客家人，部下又以潮州西部山区贫穷子弟为主，内中无疑有相当多的客家人。就

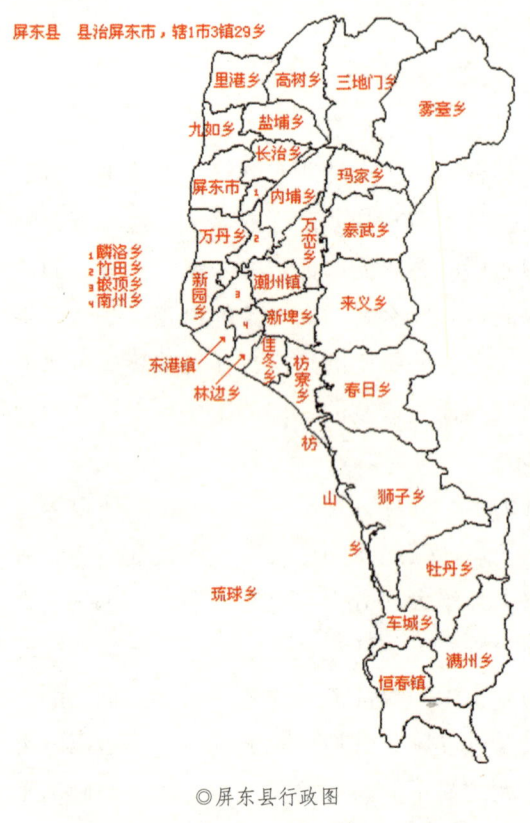

◎屏东县行政图

此而言,客家人最早赴台的时间并不晚于福佬人。据台湾高雄和屏东客家人口口相传,林道干曾经在屏东车城乡海旁的"大哥洞"活动,其妹妹死后埋葬于今狮子乡的"小姐墓"。他麾下的客家人或这些客家人的后裔,可能就是屏东车城乡保力村的最早拓垦者。那么,这些客家人被称为拓垦台湾的先驱,是当之无愧的。

客家人真正成规模移居台湾,那是郑成功收复台湾后的事。郑成功的队伍中有不少客家子弟。随郑经略台湾的大将刘国轩是汀州客家人,其部属多为客家子弟,他们跟随刘国轩去了台湾。清廷平定台湾后,刘国轩降清并被调回内地任职,但刘国轩麾下的客家子弟有一部分留在台湾垦殖开基。张要(耍)是郑成功经略闽粤时期的主要将领,又名万礼,平和小溪人,但自幼为诏安官陂客家人收养,部众多为漳、潮西部山区的客家子弟。张要(耍)在南京战役中牺牲,但其余部仍在郑成功军中。其结义兄弟郭义(诏安官陂人)、蔡禄(时为诏安、平和交界处人,后划归云霄)等也是郑成功部将,麾下也多客家子弟。近年有学者在诏安官陂调查,得知"官陂移居台湾的人很多,最早是万礼的部众随郑成功到台湾的"。但万礼、郭义、蔡禄等人都没有去台湾,所以准确地说,应是万姓结义集团这一系统的部分客家子弟兵跟随郑成功去了台湾,其中一部分留居台湾,成为明郑时期的客家移民。

康熙二十二年(1683年),清廷派遣施琅征台得胜,郑成功的孙子郑克塽出降,次年,台湾正式纳入中国版图,成为福建省下辖的一个府。随后很快形成了大陆东南沿海人民移台垦殖的高潮。但朝廷出于安全考虑，对大陆人民颁布了三条渡台禁令，其令曰："欲渡船台湾者，先给原籍地方照单，经分巡台厦兵备道稽查，抵台后再经台湾海防同知审验。潜渡者论处；渡台者不准携带家属，业经渡台者，亦不得招致；粤地屡为海盗渊薮，以积习未脱，禁其民渡台。"最后一道禁止粤人渡台的禁令，据说是因为施琅对刘国轩及明郑潮籍部属积怨未消，奏准朝廷下达的。当时所谓粤民主要指广东潮、惠二州之民。而当时客属县份程乡、镇平、平远、大埔属潮州，长乐、兴宁等县属惠州，因此粤东客家人渡台受到很大限制，他们渡台比漳州、泉州人多了许多障碍。此时，少数迁入台湾的客家人一般是跟随闽南人之后入台的，而且多采取偷渡的方式，其中有粤东客家人，也有汀州客家人。因闽南人先到，占据了西海岸平原地带，客家人后到，所以只得深入到台湾南部离海岸较远的山地。康熙三十五年（1696年）施琅死后，禁止客家人渡台的禁令渐弛，客家人渡台渐多。至康熙末年，因为客家人助政府平定了朱一贵之乱，从根本上扭转了官方对客家人的看法，不准粤人渡台的禁令无形中取消，广东客家人才大批渡台，并在康、雍、乾时代形成移民的高潮，一直到嘉庆、道光时期仍有零星的移民来台。

客家人渡台，始于清康熙年代，盛于雍正、乾隆年间，其后延续至光绪。康熙年间，客家人移垦入台，是以高屏溪东岸近山平原为中心，到雍正年代，入居中心渐次迁移到彰化、云林、台中一带。到乾隆年代，就北移到了台北、桃园、新竹、苗栗等狭长的丘陵地区。经统计，渡台的客家人直接原籍以嘉应州属为最多，约占全部的二分之一多，其次是惠州府属，

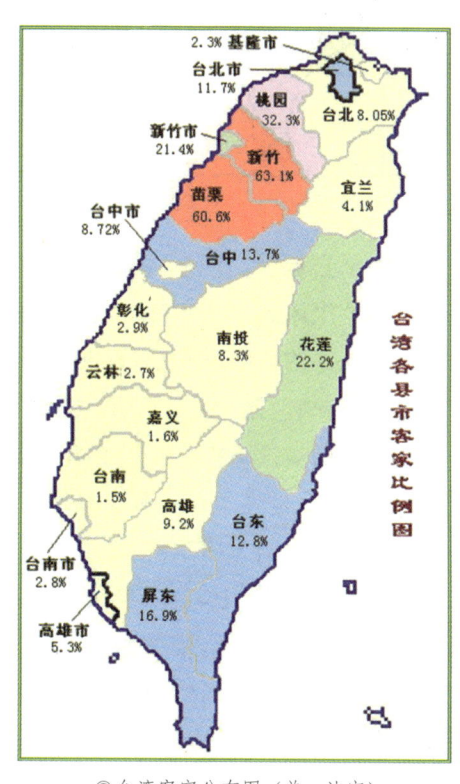

◎台湾客家分布图（单一认定）

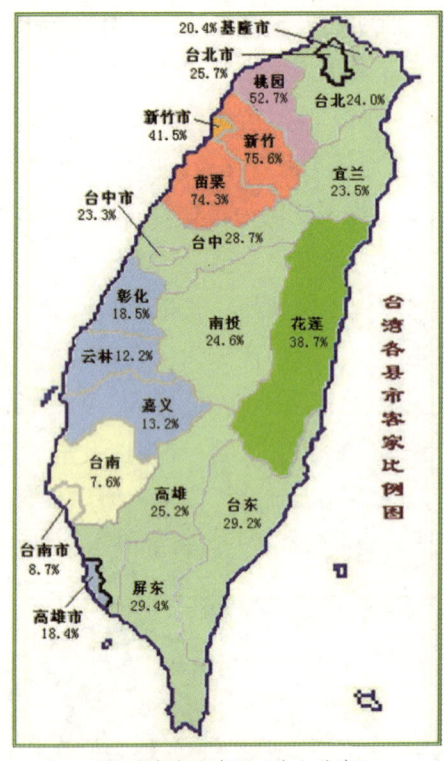

◎台湾客家分布图（广义认定）

约占四分之一，再次是潮州府属，约占五分之一，而以福建汀州府属为最少，仅占十分之一左右（但嘉应州、惠州、潮州各地客家人又大部分是由汀州府，特别是宁化迁出的）。根据光绪三十一年（1905年）第一次临时户口调查，台湾全省汉人280.9万余人，占总人口的95%强，其中祖籍广东者（绝大多数为客家人）有39.7万人，占汉族人口的13.7%。由此可以窥测清光绪年代，割台之前，台湾客家人口数，不会超出39万人。民国十五年（1926年）"台湾在籍汉民族乡贯别调查"时，台湾省汉人375万人，占总人口数88.4%，其中，广东省系（绝大多数为客家人）人口59万人，占15.6%。福建汀州客籍人口4.25万人。如果把福建、广东客家人加在一起，则当年客家人数为63万人，约占当时台湾省汉族人口的17%。客家人的主要分布：新竹地区（即今桃园、新竹、苗栗三县）约占客家人总数的60%强，台中约占18%强，高雄约占16%弱，台南约占13.5%。截止到2009年底，客家人是台湾第二大族群，台湾地区客家事务主管部门委托调查发现，台湾泛客家族群达人口比例25.6%，即台湾每4个人即有1个人是客家人。调查发现，受访时单一自我认定（即明确回答自己是客家人）的比例为13.5%，多重自我认定（提供复数选项时，勾选选项其中之一为客家人）为5.1%，未自认为客家人，但血缘与客家人有关系者为7%，以上泛客家族群总人数推估为587.7万余人。根据调查，客家族群最多的县市仍是新竹县、苗栗县、桃园县，但花莲县、新竹市也有超过20%人口为客家人。客家人口数最多的乡镇为新竹县横山乡、北埔乡，以及苗栗县铜锣乡，比例都接近95%，苗栗县公馆乡、头屋乡，以及新竹县峨眉乡也有90%人口是客家人。

（三）逆境中求生

应该说，客家人每走一步，无不伴随着辛酸和苦难，无论是从中原迁往闽、粤，还是由闽、粤跋涉至南洋、台湾，恶劣的自然环境和人文环境永远是如影随形。

颠沛流离、四处迁徙的客家人的精神面貌可以用四个字概括，即越苦越乐。"越苦越乐"，用客家话说出来，就是"死安乐"。其字面的意思就是"死也要安乐"。客家人整体而言，正是越苦越乐的人群。让人惊奇的是处于被打压、排挤、歧视的客家人，处境越艰难，搬迁越频繁，他们的创造力就越蓬勃，涌现的英才也越令世人瞩目。"越苦越乐"，正是他们化险为夷、遇挫弥坚、激发潜能的精神法宝。同时，"越苦越乐"也是他们在逆境中求生的精神支柱。

首先，从渡台的方式来看，早期的客家人赴台不外乎两种方式，即合法渡台和偷渡。合法渡台的客家人初期仅限于汀州客和漳州客，后来粤东客家人也取得了合法渡台的权利。他们渡台的路线各有不同，归纳起来可分为两种类型：一是水陆混合型，如永定的高头与南靖的梅林、书洋等乡镇，多经由九龙江西溪支流船场溪走一段水路，再走山路过南靖、漳州，到龙海石码、月港或浮宫等港口，坐船至厦门，换海船放洋渡台；或先辗转到达大埔县三河坝后循着清远河（又称梅潭河或小溪）逆朔至平和县赤石岩，舍舟陆行经漳州至厦门放洋。二是基本上取水路，如上杭、武平、连城、长汀以及永定大部分乡镇，多沿汀江顺流而下到大埔县三河坝，转韩江（粤东客家人则直接由韩江）乘船至澄海县附

◎客家由水路过台湾的河流——韩江（张存端摄）

近各港澳搭船至厦门。由于合法渡台手续烦难，费用巨大，多数人承受不了，因此很多客家人选择偷渡的方式。由于客家人僻处山区，对于渡台的手续等条件不甚了解，很难零星偷渡，只得依赖"客头"（又称"搅客"，类似现在的"蛇头"）。渡台之人交一笔钱给他，所有的交通、食宿乃至生死全部都托付给他了。客头在抵达出海港之前，往往与奸宄勾结，借机勒索银两，俗称"食铜"；抵达出海港后，不立即安排搭船，故意拖延时日，将客人盘缠耗尽，从中得利，俗称"卖客"；在到达台湾各港后，船户乃将其置放客店，有亲属者，前来交钱带走，谓之"领客"，无亲属或路途遥远的人，至有守候经年而不能出店者，其艰辛实非言辞可以形容。当年流传下来的《渡台悲歌》形象地反映了客家人渡台的血泪经历："劝君切莫过台湾，台湾恰似鬼门关；千个人去无人转，知生知死都是难；台湾所在灭人山，专杀人头带入山；客头说道台湾好，赚钱如水一般了；口似花娘嘴一样，亲朋不可信其言；千个客头无好死，分尸碎骨绝代言；出门离别泪涟涟，乞食寮场一般般；别却双亲并梓叔，丢弃坟墓并江山；家中出门分别后，直到横江就搭船；船行直到潮州府，每日五百出头钱；盘过小船一昼夜，直到柘林港口边；下了小船寻店歇，客头就去讲船钱；一人船钱一圆半，银钱无交莫上船；亦有对过在台湾，又等好风望好天；也有等到二三月，睡在船中病一般；晕船呕出青黄胆，三日两夜过台湾；下了大船小船接，一人又要两百钱；少欠船银无上岸，家眷作当在船边；走上岭来就知惨，恰似唐山粪缸样……"

其次，即便历尽千难万险，克服种种磨难到达台湾的客家人，等待他们的并不是什么好的日子，而是新的困难和新的挑战。

在客家人早期移台垦殖史上，瘴疠是他们面临的头号大敌。因为靠近西海岸的平原和丘陵地带已经分别被泉州人和漳州人占据了，客家人只得深入内山寻找出路。内山自然条件极其恶劣，林菁深阻，瘴疠蔓延，许多客家人被瘴疠瘟疫夺去了生命。客家人有这样一句谚语："逢山必有客，无客不住山。"客家人居住山区已经成为一种不争的事实。"后到为客"已经不那么妙了，又只能上山，那就更可怕了。无疑，无人去的地方，都只可能是穷山恶水了。因此，冒险渡台的客家先民处于瘴疠及各种热带传染病盛行的穷山恶水之间，能存活下来已经实属不易了。

一 客从何来：漂洋过海渡台苦

与高山族的斗争是客家人面临的另一困难。因客家人渡台时间较晚，垦殖地区大多为当时尚未开化的高山族（如素以凶悍著称的排湾人、鲁凯人，以强悍闻名的凤山八社等）所盘踞。高山族为了保护据以为生的鹿场，以及猎取人头以祭祀神祇习俗的需要，时常出草杀人，尤其对入垦的客家先人，更经常施以大规模的袭击。客家先人只有依靠自己的力量，募集资金，招雇隘丁，编组乡勇，建造木栅，设立隘寮，严加防备。这种拓殖奋斗的精神，简直堪与早期美国人开拓美国西部的情景相媲美。而在早期，面对这种情况，客家人无法单独应付，只好依附在漳、泉人的旗下，在危险和艰难的环境中从事垦殖。客家人与高山族斗争与冲突中，流传着一个19个土牛的故事：

◎雕塑——19个土牛

台湾中部原本住有高山族，人数并不多，过着刀耕游猎的生活。这里的平原广大，土地肥沃，水源充足，又有野生动物可作为食物。由于生存容易，所以土地并没充分开发利用。早期来台湾开垦的汉人中，比较有钱的人便向高山族平埔人租地开垦耕作。汉人的水稻耕作技术比较先进，他们一方面开凿水圳，一方面开垦土地。先民出钱出力，水利灌溉系统越做越便利，许多草原旱地都变成水田。这时需要更多的人加入工作行

◎土牛地界线示意图

列，因此吸引大陆故乡更多无田可耕的贫民，陆续移民台湾。汉人越来越多，平埔人原有的土地，就不断出租或出售给汉人开垦。有些汉人会用不正当的手段欺骗平埔人，侵占他们的土地。加上彼此种族不同，语言相异，风俗习惯也不同，甚至争用水源的问题，使得两族之间常发生冲突。当时土牛地区住了一些平埔人，过了大甲溪有泰雅人，也常在这个地区出入。汉人开垦范围越来越接近高山族的生活区，有些人冒险进入高山族住地砍伐树木，不时和高山族发生冲突，被杀害的汉人不少。当时彰化知县为避免双方冲突继续扩大，在现在的土牛国民小学下方挖筑一条大沟，在沟的一旁，筑了19个大土堆，外形很像牛，民众便称它为土牛。双方以沟为界，禁止汉人越界开垦。后来这个地方就叫土牛庄。在官方的监督下，汉人和高山族真的和平相处了一段时间，但是富有冒险犯难、刻苦奋斗精神的汉人，离乡背井来台湾开创天下，人数越来越多，土地的需求量自然增加。眼见大甲溪沿岸那么多肥沃而平坦的土地闲置着，汉人怎肯罢休，拓荒大军便一步一步往东势、新社一带推进。随着时间的推移，草原荒地变成了农田、果园和住宅。土牛堆和沟也被整平了。

　　随着迁台人数的不断增多，台湾开发的程度不断提高，不同祖籍地移民的接触和矛盾不断增加，导致了不同群体间的冲突和对抗。在台的外府人员，按方言、族属分成闽、粤两大类。闽指福佬民系，包括漳州人、泉州人，还有潮州府中讲闽南方言潮汕话的福佬人。粤指客家人，包括嘉应州、惠州和潮州中讲客家话的大埔、饶平、丰顺等县客家人，汀州客家人虽然政区上属于闽，但语言风俗接近嘉应州人，也被归到粤人范畴。因客家人数量较少，为了团结一致，一般不再区分为嘉应州人、惠州人、汀州人或潮州人。康熙年间，不同族属、祖籍的人的对抗频频出现，但往往是民系矛盾和官民矛盾掺杂在一起。最典型的是朱一贵之乱，作乱一方主要是闽人及与闽人同属福佬民系的潮州海阳、潮阳、揭阳县人。客家系统的粤人，则是作为义民帮助官府平乱。这种情况下出现的闽粤对抗具有弱势的客家人借官府之力报复以往闽人欺凌的性质。一般情况下，福佬人多，客家人少，闽粤对抗带有以强凌弱的色彩，而客家人则带有反抗强暴的性质。应注意的是，不管客家人如何英勇，终因人数较少，是弱势群体，多数情况下居于下风，又常因反抗失败被迫迁出旧居地。

（四）薪火相传的客家精神

客家人从大陆漂洋过海至台湾，不畏艰险、勇往直前的精神正是客家精神的真实写照。客家精神是客家人长期在颠沛流离的生活中形成的一种特质，它激励着客家人战胜困难，赢得生存和发展空间。关于客家精神，有很多学者都曾进行不同程度的阐释：

罗香林先生《客家研究导论》把客家精神概括为七点：一、家人各业的兼顾与人才的并蓄；二、妇女的能力和地位——最自重自力，最艰苦耐劳，对社会国家最有贡献；三、勤劳与洁净；四、好动与野心；五、冒险与进取；六、勤俭与质朴；七、刚愎与自用。

◎体现客家精神的大型风情歌舞《客家意象》的序幕——南迁

郭寿华先生在《客家源流新志》一书中则说：客族人具有机警、活泼、勇敢、刻苦、勤劳、负责、团结、坚韧、尚武等品德，无论男女老幼，心理、精神、体力具有坚忍不拔、耐饿、耐劳、耐苦、耐烦，正直、诚挚、整洁的民族性和独立抗争的精神。

李关仁先生的《客家人》将客家精神概括为淳朴保守、坚忍刻苦、崇

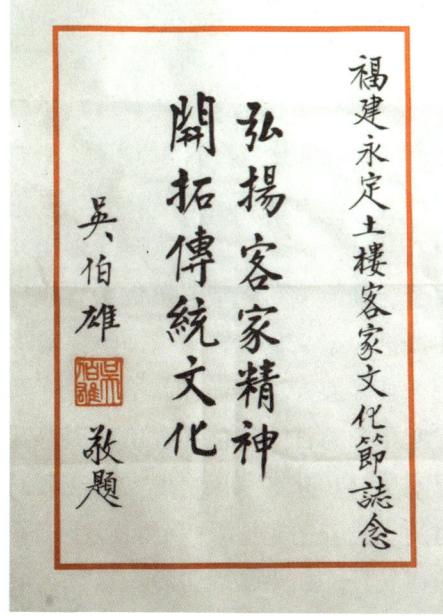

◎吴伯雄为福建永定土楼文化节题词

尚忠义、尊文重教、尊重妇德、重视武术、偏爱清洁、勤劳节俭等。

爱国华侨领袖胡文虎对客家精神作了更高度的概括，他在香港崇正总会30周年纪念特刊序文中指出，客家传统精神有四点：刻苦耐劳、刚强宏毅、劬勤创业、团结奋斗。

台北市梅县同乡会理事长温怀豢先生则将客家精神用四个字概括，即硬颈精神。那么，何为硬颈精神呢？据温怀豢先生的族叔、当时梅县县立中学校长温绍仪先生说，温氏来自福建宁化，硬颈精神是祖先从宁化石壁传下来的。温先生为我们讲述了这样一则故事：

唐初，有一批客家先民来到福建黄连峒。当时那里莽莽苍苍，森林茂密，山野地荒。大家都来拓殖开发。可是当时客家先民人数较少，而其他族群和土著较多，并觊觎客家先民的垦殖成果，常常无事生非，欺侮压迫客家先民。后来就有所谓三口（禾口、江口、溪子口）斗玉屏的故事。传说有老者率先号召大家团结起来，把脖子都硬起来，要坚忍不屈，硬而不屈，坚而不摧，硬挺如壁，后来就把不善者驱走了。石壁人以坚硬的精神战胜了困难，从此，这种精神一代一代传下来，成了耳熟能详的口头语。故事流传了千百年，直到今天，台湾仍倡导"硬颈精神"，客家青年夏令营常常以此为口号。

应该说，客家人的出洋过番，漂洋过海，走向海洋，进一步丰富了客家精神的内涵。客家文化在接近海洋、走向海洋之前，本质上是山区文化，因浓厚的山区文化，客家人也被称为"丘陵上的民族"。客家子民们常年累月住在山区，耕山种谷，辛勤劳作；聚族而居，守望相助；付出甚巨，收入甚少；自给自足，缺乏交流，这样的生产方式和生活方式，使客家人民养成了吃苦耐劳、勤俭节约、坚忍不拔、质朴自然、团结互助、重义轻利的美德。人们在谈论客家文化或客家精神时，常常津津乐道于客家人勇于开拓进取，举的例子是客家人不断迁徙，不断适应新环境，开天辟地，认为迁徙使得人类先天所具有的冒险精神和抗争意识得到激发，因而使得客家民系富于特别强烈冒险精神和开拓意识。事实上这只说对了一半，迁徙必须吃苦耐劳，无疑是对的。至于迁徙是否一定能增进冒险进取精神和开拓意识，则要看因何而迁，向何处迁。如果是因为游宦异地，恰遇故乡遭受战乱，因而迁居到偏远山区以避乱，在山区定居下来，这就很容易滋生安土乐业思想，从而产生一种保守心态。这一类迁徙未必能激发人的勇于冒险精神和开拓意识，有时还会助长贪生怕死的思想。当这类移民在山区住久后，保守不思变革的惰性也

◎勤劳善良的客家女形象雕塑

会暗地滋生，以致根深蒂固。只有向海洋挺进，进而漂洋过海，向海洋深处迁徙才真正激发了客家人的冒险进取精神和开拓意识。因为客家人走出山区进至沿海地区，进而又涉波涛越重洋后，山区文化与海滨文化、海洋文明接触、碰撞，两种文化交融便造成了客家文化质的飞跃。海洋文化固有的阔大气象和英勇无畏精神与山区文化吃苦耐劳、坚忍不拔精神融为一体，便使客家文化增添了包括冒险进取和开拓创业精神在内的丰富内涵。

客家人对大海具有浪漫的幻想，在很多客家人眼里，大海仅仅是世界的开始，在他们的辞典中，没有"望洋兴叹"、"苦海无边"等词语。人生如大海一般开阔，不扬帆起航，老守望在岸边，势必一事无成。出海，不是满载而归，便是船毁人亡，总得一搏才知。客家人的历史，既是一部迁徙史，也是一部开拓史。客家人身上拥有一种落地生根的生命能力，他们无论走到哪里，无论环境多么险恶，都能够凭着生生不息的开拓和团结精神，拓荒创业，建立家园，实现理想。漂洋过海到台湾、远涉重洋下南洋的客家人用他们的勇气、智慧、生命证实了这一点。

总之，客家精神是中华民族优秀品质、良好品德、伟大气魄的一种具体表现，也是对中华民族精神的继承和发扬。正值举国上下、海内外共同为祖国统一、振兴中华、振兴客家之时，发扬客家精神，改造小农意识，振奋精神麻木者，代之以自强不息与进取开拓的奋发精神，更具有不可估量的现实意义。客家振兴之日，方是客家精神真正弘扬光大之时。

二　扎根台湾：耕读垦殖创业艰

渡台之行，充满荆棘，惊心动魄，命悬一线；登台之后，亦是举步维艰，困难重重，九死一生。但无论怎样，稍稍稳定后的客家人为求生计，便投入到垦殖生产、教育后代的事业之中。清代学者纪晓岚曾写过这样一副对联："一等人忠臣孝子，两件事读书耕田。"这是传统中国知识分子的最高理想，而它却被不断迁徙、颠沛流离的客家人演绎得淋漓尽致。无论客家人走到哪里，都未曾放弃耕读传家、忠孝仁义。客家人耕读传家的文化特点，保留了古代汉民族的特质，有古汉文化活化石之誉。

（一）耕垦立家

台湾客家人的垦荒事业，较之于福佬人，条件要困难得多。第一，撇开明末和荷据时代那段特殊历史不谈，单就清代大陆移民开发台湾的历程来说，一般是漳、泉人先到，占据了沿海和西部平原间比较优越的地带，客家人迟来，不得不向偏东部丘陵和山区发展。第二，他们来自贫瘠的山区，初期还是偷渡而来，大多是单

◎台湾客家农具——鼓风车、斗笠与簸箕（张存端摄）

身，且没有资金，所以当清政府在台湾鼓励实施垦荒政策后，福佬人往往是集资组织垦号，当头家，客家人只能受雇于头家，当佃户或佣工。但客家人凭着勤劳刻苦、团结奋斗、坚韧不拔的硬颈精神，克服了恶劣自然和社会环境，战胜了无数天灾人祸，在垦荒事业上取得了卓越的成就。他们披荆斩棘，启山林，开良田，繁衍生息，开花结果，谱写出光辉灿烂的篇章。颇具代表性的有屏东县长治乡长兴庄的邱家和新竹县北埔姜家。

◎台湾客家农具

1. 邱永镐与长治长兴庄

长治长兴庄（今屏东县长治乡及麟洛乡）的开庄始祖是原籍广东镇平县（今广东蕉岭县）的客家人邱永镐。邱永镐于康熙三十六年（1697年）只身渡海到台，初在台南卢、林、李三姓批发商行当伙计，因办事谨慎，才能出众，受到老板赏识，拨出一笔资金委其到阿猴（屏东古称阿猴或雅猴）创办分行。邱永镐到阿猴后，了解到那一带居民不多，经营批发零售皆有困难，而从事拓垦倒有良好的前景。他回去报告了观察到的情况，建议废分行，改事拓垦，获得老板首肯，并融通了资金交其办理。于是邱永镐回原乡，招募了邱、胡、廖、黄、李、罗六姓青年数十人，并携妻黄氏及子仁山、义山来台垦殖。邱永镐最初拓垦地点在"香橼树下"（因多野

◎台湾客家竹编用具

◎阿猴城遗址

生香橼而得名），在此搭建租馆，供垦民居住。后因租馆遭风雨袭击倒塌，于是弃之并沿溪北上，垦成长兴庄。随后又以长兴庄为中心，向外扩展，陆续垦成老潭头、新潭头、三座屋、下屋、上屋等庄。水利是垦荒的命脉。邱永镐四子智山是一位兴修水利的专家，他自大坑阙（今水门）开圳二十余里，引水灌溉水田七百余甲（甲是中国台湾农民计算田地面积之单位，1甲为9699平方公尺，即0.9699公顷，源于荷兰人占据台湾时的"morgan"，台湾人以闽南话取其音），不但附近田地受惠，多余的还可灌溉内埔乡、九如乡等地。邱智山经常巡视水路，有一年的除夕在水门附近被生番杀害，为台湾屏东的拓垦事业献出了生命。

2. 北埔姜家发展历程

北埔，原名"竹北一堡南兴庄"，位于新竹县内。北埔姜家祖籍广东惠州陆丰县。乾隆二年（1737年）第十一世姜朝凤于45岁时渡台，是姜家渡台始祖。他在红毛港（今新竹县新丰乡）登陆，成为业主汪洋昌的佃户，辟垦树林子一带土地。不久又转为同乡徐立鹏的佃户。徐立鹏向官府纳银取得开垦权，佃户们则从徐立鹏处取得具体开垦权，向徐氏缴纳大租，数量是收获数的1%。姜朝凤所垦辟的田园，至少有水田二甲五分，旱田二甲五分，共五甲。姜朝凤去世后，其子姜胜智典当了父亲留下的田产，搬到更靠近内山的九芎林庄（今新竹县芎林乡）继续开垦，为姜家此后在这一地区的发展打下了稳固的基础。后来继承姜家事业的是姜胜智的侄孙姜秀銮。姜秀銮是姜家渡台的第四代。其时姜家已组成祭祀渡台祖的公尝宗族组织（公尝又称"蒸尝"，源于上古。古代的祭祀在不同的季节有不同

◎新竹北埔姜氏家庙

的名称，春祭叫做祠，夏祭叫做禴，秋祭叫做尝，冬祭叫做蒸。蒸尝一词即用部分代替全体，指一年四季的祭祀，后来又用蒸尝代指祭祀用祖产。客家人沿用蒸尝一词，把先祖留下的各房共有的产业称为"尝产"，通常指耕地；祖业大的"蒸尝"除耕地外，还有山林、果园、店铺或校产等，这种

◎新竹北埔姜家金广福公馆

资产称公尝），同时还设立了祭祀本姓唐山祖的公尝尝会（即今之宗亲会组织）。姜秀銮自幼习武，长大后担任九芎林新垦区的防务防盗任务，因为协助官府办理公差有功，受到官府信任，蒙赏顶戴、军功七品职衔，付札执照，并成为领导地方团练的义首。在鸦片战争中，姜秀銮率团练赴鸡笼口（今基隆）协助官兵击沉洋船，擒获洋兵多名，以军功赏五品职衔。姜秀銮逝世后，其子姜殿邦继承。姜殿邦继承父业后，置立祭祖尝产，称为"姜义丰尝"，又设立学田奖励子弟求取功名，标志着此时姜家宗族组织已在新垦地形成，其家族已上升为缙绅之家。经过了姜荣华、姜富华兄弟的努力，至其下一代姜金火、姜金韫兄弟时，姜家已发展成大地主了。

经过艰苦不懈的努力，早期渡台的客家人通过垦荒，通过斗争，为自己赢得了生存空间，当然，个中的艰辛仅仅通过只言片语、数行文字是不能表达的。长治长兴庄和北埔姜家的拓垦也只是渡台客家人"筚路蓝缕，以启山林"的缩影。

（二）读书传家

台湾客家人与大陆客家人一样，都重视教育。客家世界看重读书人的程度绝对不比犹太人逊色，历来就有"茅寮出状元"之谚。教育是一个民族的生命线，更是一个民族未来再造的先声！它的真正意义比任何战争、政治、

经济都更为恒久。而客家人正是牢牢抓住了这条生命线，才穿越了风雨交加、颠沛流离的岁月，才战胜了无数的野蛮暴力。大陆客家人移居到台湾后，迅速在台湾生根繁衍、日益壮大，晴耕雨读的本色没有褪去，崇文重教的传统从未改变。他们在灵魂深处矢志不渝地恪守着耕读传家的质朴思想，延续着原乡祖地的风俗习惯。"敬惜字纸"就是其中的代表。

在客家人心目中，纸和文字不仅是文明的象征，更是圣哲遗教的传承，加上"造字不易"的印象，以及封建社会形成的"万般皆下品，唯有读书高"等观念的影响，因而乃有"敬惜字纸"的传统旧习。台湾作为移民社会，在开发初期，由于印刷业不发达，教育也不普及，因此，敬惜字纸的风气与内地相比更为盛行。台湾的惜字风俗始于清雍正年间，道光年间达到顶点。

台湾客家传统旧习中的"敬惜字纸"，源于先民们对"字"的敬重，只要是写上文字的纸，便不能任意丢弃践踏，即使是废纸，也必须集中起来，送到专门烧字纸的"惜字亭"焚毁，让那些文字"过化成神"，飞升回到天上。旧时烧字纸，还于特定的时间送字纸到海边，付诸流水，以示隆重之意。台湾的客家庄中专门成立收集字纸的公共团体，名叫"惜字会"，主要职责就是雇佣专门的人员，在市井坊间收集字纸。而捡拾字纸的人一般被称为"拾字纸的"。他们一般会用扁担挑着写有"敬惜字纸"的字纸篓，沿街收捡字纸，家家户户就将家中的字纸拿出倒入字纸篓内。台湾传统社会中，也有上九流、下九流之分，先民们把理发师、演员、仆婢等视为下九流，却未包括拾字纸的人。显而易见，社会上并未把拾字纸视为贱业。收字纸是一种相当普遍且一直为人们所重视的风俗，专为焚烧字纸而建的惜字亭也相当多。这些惜字亭除出现在街头坊里外，各地的书院、文庙也有其踪迹，但形式、大小、名称不尽相同。

古语有云："富不过三代。"它完整的表述是："道德传家，十代以上，耕读传家次之，诗书传家又次之，富贵传家，不过三代。"相信通过耕垦立足，逐渐富裕的台湾客家人

正面　　　　　反面

◎2005年中国大陆发行的纪念币"宝岛台湾——敬字亭"

已深谙其旨，因此，大力发展教育事业成为他们教化民众，保护、延续家族前途的不二法门，其中典型的有胡焯猷、长治长兴庄邱家、丘逢甲及鼎盛的六堆文风等。

在清代众多入台的汀州府客家人中，最著名的当属原籍福建永定的胡焯猷，他在台湾捐义学、建书院、兴学重教，是台湾北部地区文化教育事业的开拓者。胡焯猷于乾隆二十八年呈请捐献台北县（今新北市）的水田八十甲和平顶山脚的庄园、房舍、水塘等，创办了"明志书院"，它是淡北第一个书院。他重金聘请名师执教，学生常年数十，培养了不少优秀人才。群众莫不称颂他的功德，清廷和台湾总督杨廷璋也分别授以"文开淡北""功资丽泽"的匾额。

长治长兴庄邱家到第三代时，垦业有成，乃向读书仕进的方向发展。邱智山的三子邱俊万，除了继承家业外，早年入学为庠生，进而补廪拔贡，成为邱永镐派下取得科甲功名的第一人。其后，邱氏子弟入学为秀才者渐多，近代则有获博士学位和当名医者多人。这体现了客家人耕读传家的风尚。

客家籍志士丘逢甲，4岁就塾，6岁能诗，13岁则有《西江月·穷经致用》："兴起八叉手健，吟成七步才雄。更兼经史满怀中，只觉大才适用。欲布知时甘雨，愿乘破浪长风。他年若位至王公，定有甘棠

◎位于台湾新北市泰山乡的明志书院（张存端摄）

◎明志书院内供奉的朱子牌位（张存端摄）

◎明志书院内供奉的胡焯猷牌位（张存端摄）

◎原立于明志书院前埕的敬文亭石碑（张存端摄）

◎丘逢甲

雅颂。"后来参加会试，中进士，不愿留京就任，回台湾从事教育，先后主讲于衡文书院、罗山书院、崇文书院等。甲午战争，清廷与日本签订《马关条约》，割让台湾，他即率台湾人民奋起抗击日寇入侵，血战新竹等地，终因寡不敌众，又孤悬海外，被迫内渡。回到家乡，丘逢甲仍念念不忘台湾故土，将自己的书房命名为"念台精舍"，把次子琮改名为"念台"。他坚信"能强国则可复土雪耻"，全力投入提高国民素质的教育事业，他反复向乡亲们说：国何以强？其民之智强之也；国何以弱？其民之愚弱之也。欲强中国，必以兴人才为先，欲兴起人才，必以广开学堂为本。他决心走一条"教育兴国"的道路，"劝办学校以百数"，声誉日著，被推举为广东省教育总会会长。后来，他见到了孙中山，积极支持革命事业。为响应武昌首义，他更积极策动广东独立，并出任广东军政府的教育部长。中华民国成立后，丘逢甲被选为参议院议员，后因积劳成疾，英年早逝，仅49岁。

现在，六堆是指台湾南部客家人的居住地，而实际上，其名称由早期防卫组织演变而来的。六堆人深受耕读传家精神的熏陶，文风鼎盛，人才辈出。清代，凤山县进士5人，六堆就占了3人（美浓黄骧云、内埔江昶荣、长治张维桓）；28名举人，六堆即占了20人。六堆文风之鼎盛是有原因的，乾隆四十九年（1784年），六堆举人何源瀚在内埔创立文宣会，由六堆百余位读书人集资购田，收取地租，用于祭孔，发扬孔子精神，并在各村庄设义塾，推广教育，培养读书风气。道光九年（1829年），成立六堆科举会，为赴大陆赶考子弟提供奖学金，于是六堆地区人才辈出。六堆科举会，后来演变成今日的六堆文教基金会，继续培养六堆人才。

总之，台湾客家人重视教育不只是停留在以"学而优则仕"，"万般皆下品，唯有读书高"，"朝为田舍郎，暮登天子堂"为目的的追求功名利禄实用主义层面上，也不是钻进故纸堆，穷极经史，拘泥于学问；而是把教育当作是一种民族气节的传承。也正是重现教育，使客家人薪火相传，绵延不绝。

（三）社会组织和社会生活

传统中国社会的社会组织既包括因血缘、姻缘建立起来的家族或宗族组织，又包括因地缘关系建立的可作为平时生产、生活协作和战乱时集体自卫的乡社组织。社会组织也是社会群体，不过与家庭、邻里这类自然生成的初级群体相比，它则是关系更为复杂的社会群体，是人们为了合理、有效地达到自己的目标，有计划、有组织地建立起来的一种社会机构。

客家庄是台湾客家人的聚集地，也是客家族群关系得以维系的场所，它曾长期保持自成一格、自足独立、紧密团结的"移垦社会"生存形态，并形成有别于其他族群的文化特色。其独立的族群性质和抵御外敌侵入的需要，使得客家庄不仅成为农耕经济的生产组织，成为客家宗亲家族关系的纽带，也成为客家族群的生命共同体。客家庄内的氛围，在台湾客家作家笔下，常常被描绘得栩栩如生。受到中原儒家文化的影响，由家族这种血缘姻亲关系网，发展到乡里、乡党这种乡土情谊，共同的流浪命运和族群文化凝聚力，让客家人和睦共处，守望相助。客家人在农忙的时候，一般不去雇请工人，而是找左邻右舍前来帮工。即便有些人家用了长工，但长工与雇主之间所形成的往往是一种亲近的"家人"关系。钟肇政《沉沦》中那个忠心耿耿、满怀仁慈的阿庚伯，13岁到陆家当长工，他对陆家人生生死死的历史和细节，比陆家主人陆信海还要清楚；《梅村心曲》中的阿土，18岁来林素梅家当长工，大家待他情同一家；张典婉在小说《明汉伯》中塑造的老长工，更接近自己祖父的形象。客家社会中，这种特有的平等精神的背后，是血缘关系与地缘关系、乡党与乡里紧密结合的结果，也是客家人"同是天涯流浪人"情结的作用。

1. 血缘群体

台湾客家人有聚族而居的风俗习惯。客家先民从闽粤迁徙到台湾,饱受恶劣的自然环境和人文环境之苦,为了自卫,为了生存,为了大家族内部团结,互相照顾就显得十分重要。因此,他们按照祖家的风俗聚族而居,保留了传统家族的相应结构,一切生活习俗、语言、文化艺术,全按照祖家的那套使用。台湾客家人重视传承,且宗族的意识浓厚。祖家的血缘、宗族、文风、意识一直存在他们的性格之中。传说,当年客家人从闽粤渡海到台湾时,随身带着两项宝物:一是庇护族群安全的"三山国王"神位;另一项就是写满祖家历代先祖名字的祖宗牌位,这两项宝物成为传承给子孙后代的重要纪念品和信奉品,一代传一代,让子孙不忘祖先是从哪里来的。台湾客家人聚族而居的观念深厚而稳固,世代传流。不过,长期处于闽南人、外省人族群之间,语言逐步被同化,传承也在逐渐模糊了,与客家先民相比,已不那么强烈了。同时,现代社会的风气深深影响着客家人生活,聚族而居的方式在城镇间也开始有了改变。但几代同堂、聚族而居的大家族仍然存在。只要家族的长者健在,子孙是不会分居的。

2. 地缘群体

◎始建于清道光三年间(1823年)的鄞山寺(张存端摄)

渡海来台的客家人,习惯了台湾的人文、地理。尽管环境恶劣,但是肥沃的土地和丰饶的物产,让他们选择定居下来。而且因垦殖的需要,从客家原乡招募更多的人来台相助,于是逐渐形成了客家聚落。

(1) 会馆——早期客家人的社团组织

客家人自原乡到达台湾时,大部分从今天台南、鹿港或淡水上岸,因此在这三个地方或其邻近城市当时都建有会馆,对来自原乡的人提供必要的帮助。据文献记载,台南之潮汕会馆、彰化之汀州会馆、淡水之汀州会馆（鄞山寺）、鹿港之三山国王庙，皆为粤东或闽西之移民所建。现今之鹿港三山国王庙有乾隆五十五（1790年）年所立之"鹿仔船只勒索示禁碑"，说明当年从鹿港欲返回大陆的粤东人士在海关遭受勒索红包等刁难，才由粤东监生联合申请官府立碑明文禁止。而淡水鄞山寺亦有同治二十年（1881年）淡水总捕分府勒碑，禁止附近居民占据汀人奉祀之庙地。

◎彰化县鹿港三山国王庙

鄞山寺位于新北市淡水镇邓公里邓公路15号，建于清道光三年（1823年），寺内奉祀定光古佛，为现今台湾唯一保存完整的清时会馆。定光古佛神像为软身塑法，神态十分逼真，是鄞山寺的特色之一。其他如龙柱、螭虎围炉等的构图及雕痕，严密浑厚，为全台仅见。鄞山寺的建筑依蛤蟆形设计，传说寺址拥有蛤蟆穴的好风水，庙前水池象征蛤蟆嘴部，而庙后两口水井则为眼睛，过去每逢鄞山寺鸣钟，必有地方民宅会失火烧毁，后经地理师解释，系

◎鄞山寺大门（张存端摄）

◎鄞山寺装饰美丽的木构件（张存端摄）

◎鄞山寺的院落内景（张存端摄）

寺庙所在地点好风水，运气日隆之故。地方人士便在寺庙前竖起一根钓竿，作钓蛤蟆状以破坏其风水。果真奏效，不再有民宅失火，而庙后象征眼睛的水井，其中一口水质混浊污黑，据说是蛤蟆眼睛被钓竿钓到了。如今二口水井都加盖封闭，井水一清一浊则有待考证了。

(2) 六堆——客家社团的典范

历史上，六堆是客家先民为了保卫乡土而按地域编组的军事团体，一直到日据时代才解散，共延续了170多年，如今此民间团练虽已不复存在，但六堆已成了高雄、屏东客家地区代号，也是该地区的精神地标。康熙六十年（1721年），俗称"鸭母王"的漳州人朱一贵，在台湾南部高举反清的旗帜，于当年攻下台湾府城，却因争夺王位与下淡水客家人杜君英发生内讧。杜君英败走云林虎尾溪。朱一贵派遣陈福寿率军二万南下直攻客庄，当地十三大庄六十四小庄客家人纠集12000余名客家义民抵抗。义民首领李直三等人在内埔庄天后祀典会中，创设六堆及设立章程，并公推李直三为大总理，侯观德为总参谋，组成"六营义军"。乱事平定后，依原先所立下六堆章程约定，把六营改为六堆，由先锋堆、前堆、左堆、右堆、中堆、后堆组成。其中先锋堆为万峦乡；前堆包括长治乡、麟洛乡（九如乡、屏东市、盐埔乡等有一部分）；左堆包括新埤乡、佳冬乡；右堆包

◎鄞山寺的民族风门神画（张存端摄）

◎鄞山寺的石碑记录了历史往事（张存端摄）

◎鄞山寺内景——年代久远的神龛（张存端摄）

括高书乡、美浓乡、杉林乡、六龟乡（甲仙乡、里港乡、旗山镇等有一部分）；中堆为竹田乡；后堆为内埔乡。在六堆的历史中，除了平定朱一贵之役外，动员六堆义勇出堆保卫乡土的还有：雍正十年（1732年）吴福生之乱，乾隆五十一年（1786年）林爽文、庄大田之乱，嘉庆十二年（1807年）海盗蔡牵之乱，道光十二年（1832年）张丙、陈辩、许成之乱，咸丰三年（1853年）林恭、林万掌之乱，同治二年（1863年）戴潮春之乱，光绪二十一年（1895年）六堆抗日战争。

因"六堆"的巨大影响，从而衍生出很多社团，有清代的文宣王祀典会、六堆科举会。光复后有六堆忠义祠稻谷基金会、爱国联谊会、六堆文教基金会、客家公益会、六堆客家英勇烈士纪念协会、六堆忠义祠管理委员会、六堆民俗艺术协会、六堆山歌研究促进会、六堆歌谣舞蹈协会、高雄县客家民谣研究会、佳冬文史工作室、蓝衫乐舞团、美浓爱乡协进会等。

总体说来，六堆是早期清代的最大客家社团，它是一个军事性的民间防卫组织，后来渐渐演变成区域性的精神堡垒。它团结互助、共同对外的传统维持了二百多年而不坠，至今仍在发挥作用，成为后来诸多客家社团的典范。

3. 客家文化在台湾

客家文化是中华文化的一部分，是指客

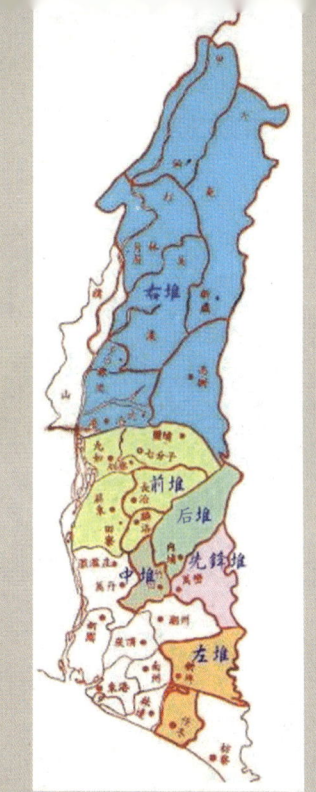

◎六堆分布图

◎六堆客家公仔

◎六堆忠义祠

图文台湾
台湾的客家人

家人在征服自然、改造社会和改造客家人自身中，在客家人求生存、争发展的奋斗过程中，长期创造所形成的、相对稳定的、被客家人认同和接受的精神成果的总和。客家话，客家风俗、生活习惯，客家人的性格、气质、心态、思想、观念、意识及它们的载体；客家人物特别是众多的客家精英，客家建筑、装饰，客家妇女的服饰，客家文艺、艺术品，各类客家文献资料等等，都是客家文化的具体体现。

客家人渡海来台的艰辛历程，不但塑造了台湾客家人的内聚力，也开启了台湾客家人的新视野：面对台湾多样化的自然山川与多元、险恶的族群处境，必须更加落实因地制宜的"移民本色"，因而在继承原乡的文化传统基础上，打造了风貌殊异的客家新故乡。新的客家社会整合了原乡的地域差异，不但扩大了客家族群的宽广度，同时也肯定了原乡的文化价值。以下分别从客家话、客家建筑、客家民歌、客家人的信仰、客家文学等方面入手，共同体会台湾客家的独特性。

（1）客家话的量变与质变

台湾流行的客家话主要来自广东梅州、潮州和惠州。但从根本上说，客家话的源头在古老的黄河流域，其中还保留着大量的"汉音"和"唐音"。据语言学家们研究发现，客家话中很多字、词的读法比"汉唐之音"更为古老，是北方早已失传了的

◎台湾客家擂茶（张存瑞摄）

◎台湾客家妇女服饰——蓝染（张存瑞摄）

一种"中原古音"。因此，可以毫不夸张地说，包括客家话在内的台湾方言和闽南、粤东方言一样，是中国古代语言的活化石，它至今仍散发着浓烈的"汉唐气息"，蕴含着古老中原文明的魅力和芳馨。

四县—桃园、苗栗、屏东及高雄的六堆地区。
海陆—桃园、新竹及宜兰、花莲、台东部分地区。
大埔—台中东势一带。
饶平—新竹（竹北）、苗栗（卓兰），及中坜一带。
诏安—云林二仑仑背一带。

客家话在台湾有三百多年的历史，经过平埔话、闽南话、日语、国语的往来折冲，所幸还保有大部分的原音，但因为社会形态的改变，以及政治、教育制度的影响，使一向自豪于保有强势中原音的客家话，在短短数十年间发生了极大的变化。尤其近二十年出生的客家子弟，几乎说不了完整的母语，造成了客家话的严重病变。这种变化既包括量变，同时也有质变。量变是指语言随社会的需要借入新的词语，舍弃不用的旧词，这是语言的新陈代谢，这种代谢不会动摇语言的根本，不会破坏语言的规则，我们乐观其变，而且希望多借入新词来充实语言内涵。但是质变就不一样了，它会动摇根本，会破坏语言的规则，会使语言偏离了

◎台湾客家话分布图

◎1988年台湾"还我母语"的运动现场

本质要求，而胡乱地加入不必要的成分，或胡乱地丢掉必要的成分。例如上古声母的质变、中古入声的质变、中古浊声母的质变等等都会改变客家话之所以为客家话的条件。因此要想拯救台湾客家话，必须把其头上的石头拿掉，使其自由自在地成长，纵使以后会发生改变，那也是符合规律的，是合乎语言的本质的。

◎苗栗典型的客家大院（张存端摄）

◎苗栗典型的客家大院，结合着闽南与客家特色（张存端摄）

◎客家大院的内部结构（张存端摄）

◎客家大院的内部结构（张存端摄）

◎客家大院的厅堂外部（张存端摄）

◎客家大院的厅堂内部布置（张存端摄）

(2) 具有地域特色的客家建筑

在寻找台湾客家建筑特色的过程中，你会惊喜地发现找不到一个共同的特色，同时也会发现，北部、中部、南部各个地区有其独特而相对特殊的"地域风格"。北部客家普遍散居，多数以竹林或果林为建筑物的屏障，桃园台地还经常可见灌溉用的大埤塘。中部出现集居现象，如台中市东势地区的下城，至今仍可清楚地看到该聚落以日升、日恒两个栅门界定城内住户的生命财产安全，而其他村落多半仍是散居形式。南部多数是集居，栅门随处可见，槟榔、芋草等热带植被也与北部的大相径庭。应注意的是，台湾客家建筑仍保存着原乡的空间记忆。原乡不管是指二次移民的西海岸，还是早期移民的粤东、闽西，都是客家人乡愁的根源，也是一个空间文化传承的象征。

屏东的内埔位居六堆之中心区，是南部客家人移民之首站，而且内埔曾屋大概是台湾客家建筑中规模最大，也最具原乡味的围龙屋（或称为围陇屋、围垅屋），它多达三围，圆弧状。当年，曾屋的主人曾伟中曾高中举人，被乡亲推举为六堆第六任大总理，家世显赫，才有财力建造这么大的围龙屋。

台中西屯体源堂廖屋大概是台湾现存型制最完整的一间围龙屋。当年的主人为盖此屋，特意回到大陆画图回来。这么完整的原乡式的建筑，如果不是异乎寻常的刻意，是极不容易在他乡重现的。

花莲钟屋是由台湾苗栗的头份迁居到花莲光复乡的二次移民的客家人所建筑的。在整个东部都已发展出兼具少数民族与日本味道的东海岸特殊空间形式的大环境中，钟家为了不让故乡的人看轻，费了九牛二虎之力盖了一栋东海岸少见西海岸却多如牛毛的伙房屋。

关西位于新竹县东北部，三面环山，凤山溪及其支流流经，青山绿水环抱，古称美里庄。这里空气清新，长寿老人很多，故有"长寿之乡"的美誉。

◎新竹县关西镇的范家大院，包括古厝余庆堂和高平堂（张存端摄）

关西一带原是高山族的聚居地，清乾隆年间，客家移民由广东海丰、陆丰等地陆续入垦，才改写了关西的开发历史。关西镇的路旁、田野间，矗立着一座座传统客家古厝，散发出悠然古味，其中又以郑氏、罗氏家祠以及范家古厝最具代表性。位于明德路56号的郑家祠堂，建于清光绪年间，为一座燕尾式的四合院传统建筑，正厅上高悬着"带草衍派"匾额，是郑家祠的代表。相传郑氏祖先赴大陆参加科举考试时，正逢祖宅

◎新竹县关西镇的范家古厝是台湾的传统客家式三合院（张存端摄）

◎新竹县关西镇的范家余庆堂里表明客家身份的牌匾（张存端摄）

◎新竹县关西镇的范家高平堂，为后来因人口增多而建的新家（张存端摄）

◎新竹县关西镇罗家祠堂

◎新竹县关西镇郑家祠堂

四周"书带草"生长茂盛，祖先一举中第后，郑家子孙便以"带草衍派"自称。

此外内埔黄屋、六堆高树简屋、东势地区围龙屋群也都具原乡味道。

台湾客家民居与大陆客家民居形式之比较

地区	台湾客家民居形式	大陆客家民居形式
南部六堆客家	由不同姓氏的人家，在同一个地方开发、生活，集合兴建屋舍，一方面资源共享，一方面求取安全，因此就自然形成"集村"聚落。台湾南部的六堆客家建筑里，围龙屋没有了，取而代之的是一幢幢合院式的伙房	在大陆的乡下地区，一座又一座的围龙屋，散布于宽阔的土地上，并且是呈现"散村"形式的围龙屋建筑
云林诏安客家	诏安客移居台湾云林之后，并没有发展出圆楼的建筑形式，其原因在于：第一，诏安客来到台湾后存在建筑技术可能不足；第二，盖圆楼需用质地特殊的黄泥土，云林当地的土质可能不适合做圆楼的建材。因此，诏安客舍弃圆楼建筑形式，改以集村、练武方式保卫家园	诏安客在大陆的建筑形式，是圆楼和围龙屋混合的特点，有的是圆楼，有的是围龙屋，但以圆楼建筑占大多数

东势大埔客家	东势地区到了开发后期，开始出现与大陆原乡类似的围龙屋建筑，其设计，多半出于防御上的考虑，与大陆原乡比较，其围龙的形式不是那么的完整	广东省大埔地区位于圆楼较多的诏安地区附近，与诏安相较，大埔的围龙屋较多，圆楼较少
苗栗四县客家	1935年的大地震几乎毁掉苗栗地区的古老建筑，也彻底改变了苗栗地区的建筑形式，由于当时台湾受日本统治，因此重建时大量使用日本瓦片、木材，日式建筑影响至深，不过仍保留"∏字型"和"口字型"的建筑形式，以及客家人"堂号"的传统元素	
新竹、桃园的海丰、陆丰客家	由于北部的族群关系较不紧张，因此新竹、桃园当地的客家人形成北台湾特有的"散村"聚落形式，伙房屋隐密于绿林之中，四周围是田地	陆丰地区属于单姓集村的聚落形式，有共同祖先的人家住在一起，单姓集村以祭祀"开基祖"的祖堂为中心，向两旁慢慢分房

（3）客家民歌

客家民歌分"客家山歌"和"采茶歌"两种，用客家话演唱。它是由粤东和闽西客家移民传入台湾的。

台湾客家人和祖国大陆客家人一样爱唱山歌。客家山歌是中国民歌中最为浓情、最为放达，也最为卓越的歌种之一。其传播面之广，影响之大，也是别的民歌所不及的。凡是台湾客家人聚居的地方，都可以听到客家山歌，客家山歌清丽、爽朗、隽永，有其不可抗拒的魅力，它根植于现实的民间生活中。台湾客家山歌绝大部分内容为情歌，表达民间青年男女对爱情的憧憬，非常真实、自然而亲切，也多姿多彩，婉约动人。一代一代流传下来，历久弥新，回味无穷，长盛不衰，引人入胜。台湾客家山歌在客家地区都很盛行，如

◎ "天穿日"，台湾客家山歌比赛

在新竹县竹东镇、苗栗县苗栗镇，每年元宵期间，一定要选定一天举办山歌大会，报纸和电视台都进行报道和播映。台湾的客家山歌歌词是即事即兴即景唱出的，但是一定要符合七言绝句的形式。台湾的山歌有的是一人独唱，有的是两人对唱，内容以情歌对唱为多，也有反映集体生产劳动的，而这些山歌与大陆客家山歌关系密切，有的就是从大陆流传过去的。

客家山歌与属于"小调系统"的福佬系民歌在风格上有很大的不同，小调系统的民歌多为平原地区城镇中的"里巷之歌"，而客家民歌则纯属"山野之歌"，在丘陵地区传唱，抒情色彩更浓，"野味"（乡土气息）更足。"入山看见藤缠树，出山却见树缠藤；树死藤生缠到死，藤死树生死也缠。"这是一首自古在客家地区广泛流传，至今仍被海峡两岸客家人百唱不厌的客家山歌，它以野藤缠树的自然现象来比喻男女相爱难舍难分，至死不渝，极其形象生动，其纯真炽热的爱情，真是扣人心弦！

采茶歌实际上是客家山歌的一种，其曲调、旋律、风格、表现手法等，都与客家山歌相同，只是由于它最初流行于产茶区，歌唱内容又大多与茶有关，故有"采茶歌"之称。台湾民间流行的一种地方小戏——采茶戏，就是在采茶歌的基础上加上故事情节和音乐伴奏的表演而发展起来的。在台湾北部客家人聚居的丘陵地带，盛产茶叶，每当采茶季节到来之时，身穿鲜艳花衣的采茶姑娘们，便三五成群地出没在绿色波浪般的茶园里，若隐若现。她们用灵巧的双手熟练地采摘着片片嫩绿的茶叶，一边情不自禁地即兴唱起自己喜爱的采茶歌，悠扬动听的曲调，伴着茶叶的清香随风飘荡，飘向远方……

◎ "天穿日"台湾客家山歌比赛参赛人员

日据时代以前，台湾客家山歌十分流行，许多民众对之很入迷。日本殖民统治台湾后，台湾的客家就常用客家山歌骂日本人，将心中之愤恨，一吐为快，如"人称台湾是宝岛，可惜野狗满山窝，大家同心来去抓，抓来煮汤捧山歌。"

日本人知道后，大为不满，遂下令禁唱禁演。到了光复后，客家民歌才重见天日。但是好景不长，在西洋文化的冲击下，台湾客家民歌也日趋衰落。直到1960年代以后，才有一些有识之士热心呼吁、搜集、整理，并加以发扬。桃园、新竹、苗栗地区每年举办客家山歌比赛大会，亦往往有观光客慕名而从海外赶来参观比赛盛况。近些年来，许多酷爱山歌的客籍台胞纷纷组团到广东梅县探亲，参加客家山歌比赛。海峡两岸的客家乡亲欢聚一堂，互相观摩切磋，共同为保存和发掘这一中华文化的优秀历史遗产，促进其向更高阶段发展而携手努力。最为热闹的是"天穿日"赛山歌。所谓"天穿日"，传说是在上古时代，祝融氏协助黄帝打败共工氏时，共工氏怒触不周山，导致天柱折断，地维残缺，女娲氏乃炼石补天。客家人认为农历一月二十日这一天就是天穿地裂的"天穿日"或"天川日"。由于在客家人的心目中"天穿日"是"天穿地漏"，这一天所赚的钱都会漏掉，努力等于白费，所以这一天客家人都休息，从事休闲活动。于是，新竹的竹东、苗栗的头份等地，便举办客家山歌大赛。其中以竹东的山歌比赛规模最大，凡会唱客家山歌者皆可报名，曾有101岁的老太太及年仅六岁的小女孩报名参加，为一年一度最为热闹的山歌盛会。

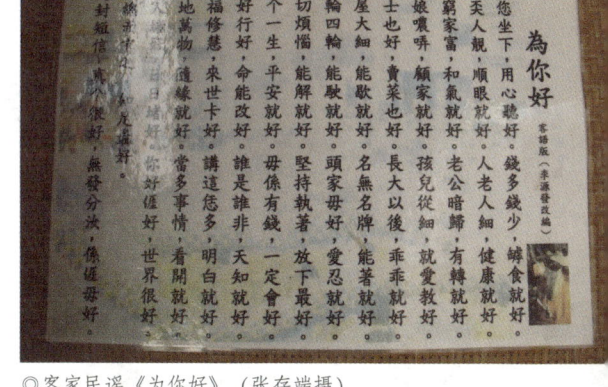

◎客家民谣《为你好》（张存端摄）

(4) 客家人的信仰

为了安定心灵及祈求平安，适应海岛的特殊环境，宗教信仰成为客家人的精神寄托，原乡的三山国王信仰、定光古佛信仰及后来在台湾本土产生的义民信仰，成为客家人心目中的守护神。对于土地的开垦成功与否，在客家人的心中，除了明白要努力之外，他们也只能从对大自然的敬畏与崇拜中去获得心灵上慰藉。

三山国王信仰。在台湾，三山国王一直不是重要的神祇，即使在客家人心目中，它的地位还比不上三官大帝，但从传说时代开始，它便一直扮演着客家人守护神的角色，客家人垦拓过或居住过的大多数地方，都建有三山国王庙。

三山国王为三个结拜兄弟，老大连杰、老二赵轩、老三乔俊，他们都是广东潮州人，生于南宋末年。当时天下大乱，各地盗匪群起，打家劫舍，民不聊生，朝廷无力平乱。三兄弟不忍乡里受到盗贼蹂躏，组织民兵起来反抗，地方终于获得宁靖，三人功成身退。朝廷感念其赫赫功绩，敕封三人为王爷，三王爷死后又受到玉帝敕封为三山国王，分派掌管广东揭阳县阿婆墟的明山、独山和巾山，亦尽地方守护神之责。关于三山国王的故事版本甚多，而此说法流传最广，这显然与南宋末年，客家人为避元人兵祸，纷纷避居粤东山区有很大关系。事实上，南宋末年的兵火之灾，让许多中土人士纷纷迁居至闽西和广东山区，以求安全，并远离宦海政治，以求置身世外。三山国王从那时开始，便成为客家人的守护神。

◎三山国王塑像

清末，许多客家人随汉人移民潮迁徙到台湾。他们所到之处，纷纷建起三山国王庙供奉守护神，有据可查者至少有136座，分布在新北市、新竹县、苗栗县、台中县、南投县、彰化县、云林县、嘉义县市、台南县市、高雄县市、屏东县、台东县、花莲县、宜兰县等地，除了客属县份，以宜兰境内的三山国王庙为最多，共有26座。

义民信仰。台湾客家信仰中最具创新意义的内容莫过于义民信仰。义民是清代一系列民变中协助朝廷平定动乱有功而受到朝

◎台湾屏东三山国王庙

廷表彰的民众，义民不限于客家人，但客家人居多。客家人为了纪念在平乱中死难的义民，兴建忠义祠予以奉祀，从而形成了义民信仰。最早的忠义祠是为康熙六十年（1721年）平定"朱一贵事件"中死难的客家人而兴建的六堆忠义祠，位于屏东县竹田乡西势村，原名西势忠义亭。建亭缘起是朱一贵事件中六堆客家人组织民团，主动协助朝廷作战，在下淡水一役中挫败了南下来犯的朱一贵部众，加速朱一贵部众的全面崩溃。为了表彰六堆民团死难者的忠勇义烈，清廷诏拨内帑建了一座忠义亭。后来雍正年间吴福生事件和乾隆年间林爽文事件中，六堆客家人又一再充当义民，组织民团武装，协助朝廷，抵御变乱者，当然也有不少人死难。客家人在平乱中立下的功劳，当然一再受到朝廷褒奖，许多义民受到封赏，六堆客家庄则被御赐为"褒忠里"，御书的"褒忠"二字匾额，准予悬挂在庄口，以宣扬客家人的忠义精神。六堆忠义亭在康熙末年建成后，到道光朝期间，官府一再予以修缮；道光以后则由民间筹资维修。亭里供奉死难义民牌位，受到客家人民的悃诚敬祀，从忠义亭始建到光绪二十一年（1895年）的170多年间，南台湾发生的大大小小的民变，六堆居民都会在忠义亭誓师，为了保卫家乡，协助清廷平乱而起。而每次为保卫乡土而牺牲的勇士英灵，都会被安奉

◎新竹枋寮义民庙的褒忠亭（张存端摄）

◎新竹枋寮义民庙（张存端摄）

◎新竹枋寮义民庙内景（张存端摄）

◎新竹枋寮义民庙内景（张存端摄）

◎新竹枋寮义民庙内景（张存端摄）

◎新竹枋寮义民庙的闽南建筑风格的屋顶（张存端摄）

◎新竹枋寮义民庙后的义民墓（张存端摄）

◎新竹枋寮义民庙后的花园一角（张存端摄）

在忠义亭内。显然，客家人世世代代奉祀死难义民的做法已经升华为一种宗教信仰。台湾以义民爷为主神的寺庙有30座，分布在桃园、新竹、苗栗、台中、南投、彰化、云林、嘉义、台南、高雄、屏东、花莲等地，其中以苗栗、嘉义最多，各有5座。义民庙中供奉的一般是牌位，只有极少数供奉神像，如台北景美义民庙奉祀的是义民爷正神。

定光古佛——客家的守护神。定光古佛，又称定光佛、定光大师、定光菩萨、定应大师、圣翁等，生前是北宋的一名高僧，死后成为闽西地区最有影响的佛教俗神。定光佛俗姓郑，法名自严，后唐应顺元年（934年）出生，11岁时出家，大中祥符八年（1015年）正月初六圆寂，享年82岁。定光古佛去世后，百姓搜集其遗骨及舍利，塑成真像，顶礼膜拜。定光古佛在世时及过世后不久，民间就流传着许多有关他的神话传说，他能：除蛟伏虎，为民除害；疏通航道，寻找泉水；祈雨；为民请命；日行千里，神通广大。台湾客家人的定光古佛信仰是伴随着闽西客家移民而传入台湾的。最早兴建的专祀庙是彰化的定光古佛庙，又称为汀州会馆，由永定县人士、九路总兵张世英等在乾隆二十六年（1761年）倡建。该庙的定光古佛塑像庄严肃穆，为岛内少有。淡水的鄞山寺，也叫汀州会馆，位于淡水镇林家庄，为闽西永定县移民罗可斌兄弟首倡，闽西客家八县移民共同捐资兴建的。鄞山寺建成后，他们又从闽西永定县奉迎了闽西八县民众所信仰的定光古佛神灵到台湾，安置在鄞山寺内，作为八县移民的保护神。

（5）客家文学

提及台湾客家文学，首先要对台湾文学进行界定。台湾文学的历史分期，一般以1919年为分界线，1919年之前为旧文学，之后为新文学。在新文学中，1919至1945年，即从五四运动至抗日战争胜利，为日据时代文学，有人称之为台湾的现代文学；1945年抗战胜利后称为光复后的台湾文学，也有人称之为台湾当代文学。

台湾文学史发端于明郑时期，当时一批渡台的明朝移民，多有文学创作，只是其中无客籍作家。清代台湾文学史，可以1894年甲午中日战争为标志划分为前后两个时期，之前，无客家文学可言，甲午战后客籍作家丘逢甲、吴汤兴等投身抗日活动，且慷慨悲歌，在文学创作上有丰富的成果，尤其丘逢甲的诗歌风靡一时，且影响深远。他与黄遵宪等共同领导诗界革命，成为岭东诗派的中坚。十几年间，又积诗歌2000多首，流传于世的1700多首，被辑为《岭云海日楼诗钞》、《柏庄诗草》。丘逢甲的诗歌内容多抨击朝政、抒发自己爱国激情和自伤身世之作，因此其诗风既大气磅礴，雄豪不羁，又悲愤沉郁；既有金戈铁马、气吞山河之势，又有触景生情、

◎定光古佛像（张存端摄）

◎鄞山寺旁纪念罗可斌兄弟的罗公墓与罗公亭（张存端摄）

◎台湾彰化县定光庙正殿的"济汀渡海"古匾

◎《岭云海日楼诗钞》封面

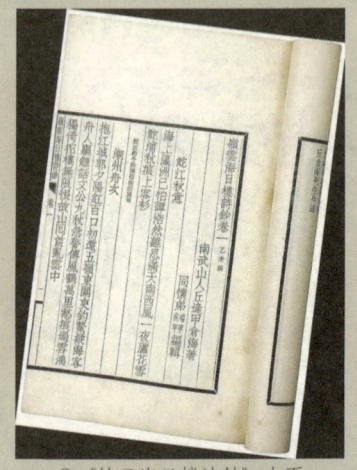

◎《岭云海日楼诗钞》内页

◎年轻时的钟理和

触物伤怀之感。总之,丘逢甲的诗歌,为晚清文坛上的一朵奇葩,也是台湾客家旧文学时代的一座丰碑。有了丘逢甲的创作,我们可以说台湾客家旧文学是光彩夺目的。

关于丘逢甲的诗,以下几首为代表作:"春愁难遣强看山,往事惊心泪欲潸。四万万人同一哭,去年今日割台湾。"(《春愁》)"一角西峰夕照中,断云东岭雨蒙蒙。林枫欲老柿将熟,秋在万山深处红。"(《山村即目》)"古戍斜阳断角哀,望乡何处筑高台?没蕃亲故无消息,失路英雄有酒杯。入海江声流梦去,抱城山色送秋来。天涯自洒看花泪,丛菊于今已两开。"(《秋怀(其一)》)"知是前身与后身,诸天变现起微尘。人间无此丹青本,幻出釜崎历落人。梦中因果画中身,弹指心惊隔两尘。天上碧桃花再放,下方还是未归人。"(《纪梦二首》)

日据时代中期,台湾掀起了新文学运动,特别是在五四新文化运动的影响下,涌现出一大批作家,其中赖和、吴浊流、龙瑛宗、叶时涛都是客籍,而以赖和、吴浊流最具代表性。吴浊流的作品具有鲜明的反对奴役、争取独立和自由的立场和政治倾向,充满着强烈的民族意识、时代精神和热烈的爱国情感,他的代表作、抗战前夕开始创作的小说《亚细亚的孤儿》,对台湾客家人乃至台湾社会产生了深远的影响。

光复后,文艺思潮随着社会局势的演变而递嬗,其中乡土文学思潮,20世纪五六十年代已初步表现,至1970年代大盛,贯穿乡土作家创作的指导思想是强烈的民族意识和乡土意识。其中代表人物有钟理和等。

台湾"战后新世代"作家群，在思想观念、思维模式、美感经验和审美标准方面都有许多不同于前代的特征。新世代作家中的客籍作家主要有林清玄、蓝博州、黄恒秋、张典婉等人，他们是新世代客家文学的代表。

(6) 客家文化在台湾的影响

台湾的客家人，是大陆闽粤客家播迁过去的，因而在血脉、语言、风俗习惯等方面是一脉相承的。与大陆客家人不同的是，台湾的客家人虽然是台湾的第二大族群，但仍属少数。他们担心客家话、客家文化、客家人被同化，因此有特别强烈的自我认同意识。于是，有一批"客家运动"的倡导者，以抢救客家文化为己任，运用各种手段和方式宣扬客家文化，如兴办客家电台、客家电视台、客家文化杂志报纸，介绍客家文化；举办各种讲座、演唱会、文体活动、学术研讨会，宣导客家精神；兴建客家文化中心、民族馆，展示客家文化；成立客家文化教育基金会，组织学者撰写、收集、出版有关客家乡土文化的书籍、歌谣、画册，等等。

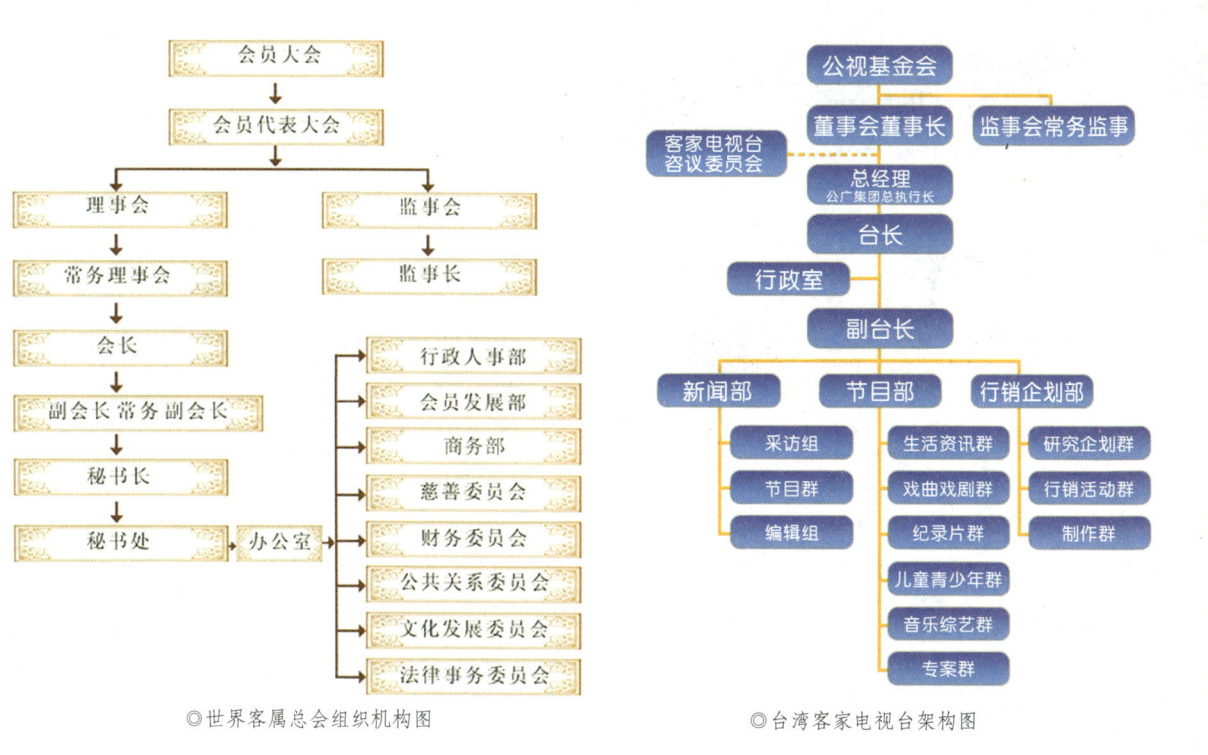

◎世界客属总会组织机构图　　◎台湾客家电视台架构图

图文台湾
台湾的客家人

◎客家话书籍

◎1988年12月28日，台湾《客家风云》杂志举办"还我母语"大游行

◎台湾"行政院客家委员会"和青文出版社合力推出全球第一本以客家为题材的全彩原创故事漫画——《好客食府》

1971年"世界客属恳亲大会"在台湾举办，次年在台北成立了"世界客属总会"。该会是目前世界各地客家人的最大组织，也是全球客家人的精神堡垒。

1987年，台湾《客家风云》杂志创刊，提出"重建客家人尊严"的诉求，力图复兴台湾客家文化。台湾地区的许多县市在中小学开设了客家母语教学、客话能力测验、客家歌谣、客家戏曲等教育课程，举办客家义民祭典、客家文化节，设立客家文化园区、客家文物馆，还开办客家广播电台和全球唯一的"客家电视台"。

1990年12月，台湾客家公共事务协会成立，提出做"新客家人"的号召，并积极推广客家文化，研究与拟定客家政策，撰写《客家白皮书》，供支持客家的候选人选举用，并举行客家助选活动等，成为目前台湾本土最具代表性的客家政治与文化运动团队。2004年，台湾第一个以客家族群为名的政党"台湾客家党"宣布筹组，宣称其目的是希望真正达到族群平等、资源分配均衡。客家族群参与政治的情感与其日益获得政治权力相辅相成。近年来，在台湾各类选举中，客家票往往成为左右结果的关键票，各候选人对客家票的动员和争夺异常激烈。

◎2009 年客家桐花祭吉祥物——桐花公仔

◎2010 年客家桐花祭活动之一——怀旧老歌音乐会（张存端摄）

执政当局也采取一些政策以争取客家选票。

2001，年台湾"行政院客家委员会"正式挂牌运作，相继举办了"客家桐花祭"、"台湾客家文化艺术节"等一系列活动，标志着客家人首度被体制承认。一些客家县市也纷纷成立客家委员会，强化了客家成为台湾多元文化价值的重要性。在这种情况下，客家族群渐渐得到了保护自我文化以及影响整个政局的实力和权力，在面对其他族群和文化时变得更加自信。最近几年，台湾对于客家文化的重视力度进一步加大，所有这些举措都能够传播客家文化，使之能在台湾代代相传，生生不息。

◎洁白优雅的桐花（张存端摄）

三　客家之光：群芳璀璨宝岛星

　　跌倒涯当磨练，吃苦涯对佢笑。团结去做来力也到，世界齐去创造。立功耀祠堂来唔骄傲，客家人系有料。

——冯浩华《客家人系有料》

　　台湾客家人英才辈出，璀灿群星，闪耀史册。从古到今，青山秀水边，走出过享誉文坛的作家；寻常巷陌里，走出过搏击商海的实业家；崇山峻岭中，走出过叱咤风云的政治家。他们无论是游弋学海、搏击商界、驰骋赛场，还是出将入相，都为民族、为国家做出了贡献。不管他们走到哪里，哪怕是天涯海角，肌体内流淌着的永远是客家人的血，跳动着的依然是华夏人的心。

（一）保家卫国，反抗侵略

　　回顾历史，台湾曾多次遭到葡、西、荷、英、美、法、日等列强的觊觎和侵略，面对民族危机、国难当头的关键时刻，台湾人民进行了长期不屈不挠的斗争。在护台御敌、维护祖国统一的伟大斗争中，客家人是一支重要的力量，涌现出很多杰出人物，他们大声疾呼、唤醒民众，不遗余力为救亡图存奔走呼号。

1. 以刘国轩等为代表的客家人抗击荷兰殖民者

　　当荷兰殖民者占据台湾时，大陆客家人未大批迁台，但闻此消息无不义愤填膺。1661年，福建汀州客家人刘国轩被民族英雄郑成功任命为收复台湾前军大将，一批客家人紧随其后，为驱逐荷兰殖民者，收复台湾立下了汗马功劳。随后，刘国轩奉命驻守在基隆一带，多次打败荷兰殖民者的入侵。为保卫祖国领土，增强海军实力，刘国轩曾回家乡汀州招募军队，不少青壮年应征入伍。

除刘国轩外，福建平和客家人何枯、广东潮阳客家人丘辉，身边均聚集着一批客家人。他们拼死杀敌，视死如归，与荷兰殖民者展开激战，成为收复台湾的急先锋，为维护祖国领土主权做出了巨大的贡献。

◎1624年荷兰殖民者侵略台湾时修建的安平古堡，时称"热兰遮城"，俗称"红毛城"

2. 丁日昌的海防思想

鸦片战争后，由于英、美、法、日等殖民者多次窥探侵略台湾，台湾面临着前所未有的严峻形势。1868年，广东丰顺客家人丁日昌向曾国藩建议，建南洋海防重心于台湾；1874年，建议在台湾驻泊铁甲船，以作东南海防之屏障。1876年11月，丁日昌以福建巡抚身份巡视台湾。他在台湾视察8个月，足迹遍及全岛，并多次上疏清廷指出："台湾孤悬海上，矿产丰盈，各国群思染指。不筹海防则已，欲筹海防，宜全力专顾台湾，庶台防无事而沿海可期安枕。"他在台湾采取了一些措施，架设电线，筹筑

◎1895年侵略台湾的日本军舰

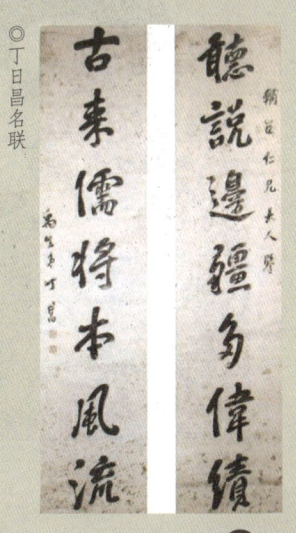

◎丁日昌名联

听说边疆多伟绩

古来儒将本风流

铁路，抓紧设防开发，为台湾的防务和发展做出了一定的贡献。

3. 赖日臣抗击倭寇入侵

赖日臣（1763~1836年），原名泰凤，又名羽山，出生于福建省宁化县水茜乡沿口村。赖日臣幼年性聪敏，很有主见。8岁读书过目成诵，才干超人。其父赖景三，曾任福建省台湾府南路下淡水营千总。赖日臣幼承庭训，善习武艺，少怀大志，恒以继承父职，保卫祖国疆土为己任。16岁时入伍，旋受父荫，袭任建镇左营左厅守府，屡建功劳，特授台湾南路营中军守府。当时倭寇猖獗，虎视眈眈，时思进犯，皆因赖日臣随时严加防范，不能得逞。迨至道光丙申年（1836年）七月七日，倭寇排成蚁阵，进攻台南，炮火冲天，来势甚猛，赖日臣亲率所部出击，英勇杀敌，所向披靡，斩获甚众，敌酋授首，残寇匿迹，奏凯而归。日后誉称："老年武将，大战干戈。"从此，寇氛荡平，海疆安定。上书捷报，清廷嘉奖，升任北路葛玛兰兼署部司篆务事。赖日臣由于年老体衰，积劳成疾，于道光丙申年九月病逝，终年74岁，归葬烂竹窠。后追封为武略骑尉。赖日臣次子赖运海受父荫拨补外司员，后授南路镇淡水营守府，往省候缺。后人云："赖氏三代保卫宝岛，功不可没。"

4. 丘逢甲、刘永福等反割台斗争

甲午中日战争，清政府战败，与日本签订丧权辱国的《马关条约》，割让台湾给日本，消息传来，全岛悲愤。

爱国志士台湾苗栗客家人原籍广东嘉应州镇平县（今蕉岭）的丘逢甲，挺身而出，奔走呼号，三次上书，字字血泪，反对割让台湾，指出"和议割台，全民震骇。……如日酋来攻台湾，全民唯有开仗"。"万民誓不从日！割亦死，拒亦死，宁愿死于乱民手，不愿死于日人手"。他统领义军和客家乡亲，"抗倭守土"，身先士卒，与日军浴血奋战。在新竹、

◎刘永福

台中一带转战月余，终因弹尽粮绝，寡不敌众，挥泪内渡广东镇平县。内渡后，他仍念念不忘收复台湾，赋诗曰："四万万人同一哭，去年今日割台湾。""十年如未死，卷土定重来。""不知成异域，夜夜梦台湾。"他给儿子起名"念台"，临终前还嘱咐说："葬须南向，吾不忘台湾也。"

刘永福，广东钦州（今属广西）客家人，受命率领黑旗军驻守台南。台北沦陷后，刘永福向台湾同胞发出联合抗日的号召："自问年将六十，万死不辞。……愿合众志成城。直挺胜敌；在我坚心似石，弃职以为……惟军民共守，气味最贵相投；淮楚同仇，援助岂能稍异？本帮办亦犹人也，无尺寸长，有忠义气；任劳任怨，无诈无虞。"刘永福将自己率领的黑旗军放到最危急的战场上，来团结不同地区不同派系的反日军队。他在台南被推举为军民抗日首领，所部黑旗军曾在苗栗、彰化、嘉义等地联合义军英勇抗击日军。直到日军大举进攻台南，他才内渡大陆。

5. 客家民众的反割台斗争

"天下兴亡，匹夫有责。"在民族危机日益加剧的关键时刻，客家普通民众亦"斩木为兵，揭竿为旗"，同仇敌忾，共赴国难。

胡嘉猷，广东梅县客家人，试科不第，承袭其父军功得小武官。"台湾民主国"（是1895年5月25日到10月19日在台湾成立的一个共和国政体。目的为免于台湾被割让，由丘逢甲倡议建立。）失败后，与黄娘盛义军联合继续抵抗，并重创日军。1896年元月1日，胡嘉猷同陈秋菊统领的义军进攻台北，他以"总统台北、新竹、苗栗义民各军"的名义布告天下，痛斥日本人的毒害，号召台湾人民抗日保民，并继续沿用光绪年号，以示不忘祖国。然而，在日军的报复性镇压之下，胡嘉猷不得不退兵山里，伺机而动。1897年5月8日是台湾人民决定国籍的最后一天，5月7日深夜，胡嘉猷又联合陈秋菊、简大狮等义军再次攻打台北城，激战至第二天黎明，无功而退。他不愿做倭奴臣民，不得不内渡回广东原乡。1902年去世，终年82岁。

姜绍祖，广东陆丰县客家人，父祖在今芎林、北埔拓垦致富。"台湾民主国"失败后，姜绍祖在北埔自组义军，抵抗向新竹方向进发的日军，曾重创日本的骑兵队。1898年7月10日清晨，姜绍祖义军攻打新竹失利后，退守在

图文台湾
台湾的客家人

○吴汤兴

○抗日英雄徐骧雕像

枕头山附近的民宅中,坚守至弹尽粮绝,最终被俘。因其仆人挺身而出,自称其为姜绍祖,使他免于一死。后来,姜绍祖自杀,年仅19岁。

吴汤兴,广东蕉岭客家人,先人在苗栗、铜锣湾种地。少时,他到台北考得生员。因清廷割让台湾给日本,吴汤兴组织同乡壮丁成立"新苗军",驻守大湖口,抵御日军,后来墙破而退。他又与姜绍祖、徐骧、杨载云一起率领义军攻打新竹,无功而返。在日军强大火力的镇压下,吴汤兴退守大甲溪以南。八卦山战役,吴汤兴牺牲,其妻黄贤妹亦绝食而死。

徐骧,广东嘉应州的客家人,先祖渡台时在头份一带种地。甲午战后,40岁的徐骧号召同乡子弟与吴汤兴共组义军抗日。1895年6月,徐骧于头份起兵。9月,他率领在台南募集的义军抵抗八卦山一役后向大蒲林推进的日军。在日寇的步步紧逼下,徐骧率客家义军奋力抵抗,10月在曾文溪岸遭遇炮击,中弹身亡,牺牲时,高呼:"大丈夫为国捐躯,死而无憾。"

六堆义军的抗日斗争。在抗击日军入侵的行列中,还有一支由客家人组成的六堆义军,台湾屏东客家人李向荣、萧光明分别任大总理和副总理。他们神出鬼没,作战顽强,给日军以沉重的打击,以至日本报纸也发出了"六堆义军英勇无比,难以战胜"的哀叹。后来,萧光明战死于枋寮之役,李向荣潜渡回祖籍广东蕉岭,但六堆义军仍战斗到最后一刻。据丘福盛先生《六堆同胞孤军抗日血泪史》记载:"我义勇军由邱凤扬(邱永镐的后代)继任大总理,林光福为副总理,钟发春为总参谋……义勇兄弟也越战越勇,时及正午,全庄无以不中弹,火海沸腾血肉如风雨,硝烟朦胧天日聚昏。""这个神圣的牙城也被烧成秃秃的焦土,堪称寸草不留。于今长兴庄被称为'火烧庄',其来由也在此。"此役惨烈程度亦可见一斑。中国民主革命的先驱,著名的教育家、诗人、书法艺术家于右任先生在火烧庄古战场纪念碑上这样写道:"气与河山壮,明争日月光;煌煌民族史,照耀火烧庄。"

6. 辛亥革命影响下的台湾抗日斗争

1911年,辛亥革命胜利的消息传到了台湾,客家民众无不兴高采烈。祖籍广东镇平的苗栗客家人罗福星受中国同盟会的派遣,于1913年3月在苗栗召开台湾革命同志代表大会,发表《大革命宣传书》,揭露日本侵略者的暴行,号召民众起来光复台湾。他置个人安危于度外,频繁奔走于台中、台北、台南、苗栗等地,召集同志,发动民众,宣传革命,布置起义计划。他曾两次被捕,但斗志不灭,最后于1914年3月3日被日本侵略者处死。遇害前曾索纸笔作绝笔书曰:"不死于家,永为子孙纪念;而死于台湾,永为台民纪念耳!"

◎罗福星

受罗福星的感召,台中客家人陈阿荣,组党抗日,被捕遇害,被称为"南投事件";台中客家人张火炉,起义抗日,被捕遇害,被称为"大湖事件";台南客家人李阿齐,召

◎处死罗福星等抗日者的绞刑台

集同志起义，被捕遇害，被称为"关帝庙事件"；苗栗客家人赖来夜袭日人东势支厅，于战斗中中弹身亡，被称为"东势事件"。

7. "农民组合"的抗日斗争

辛亥革命后至1945年台湾光复前，台湾人民的抗日斗争进入了一个新的阶段，主要特点是以现代思想文化为指导，掀起各种社会运动，人们称之为"文斗"时代。客家人由于当佃农、雇工比较多，所以在农民组合中有突出的表现。"台湾农民组合"于1927年12月4日宣告成立，提出了"工农联盟"的纲领。客家人简吉、赵港是农民组合的干部，奉命来到新竹大湖，领导农民反抗日本政府，同时开展农民组合大湖支部的工作，迅速发展了组织。此后日本殖民者对农民组合全面镇压，大湖支部亦被破坏。但农民运动斗士们很快恢复了工作，重建了大湖支部，新建了竹南永和山支部，选举了新的领导。年轻的客家人刘双鼎被选为农民组合常委，在"文协"和台湾共产党的领导下，发动台湾人民开展反对日本帝国主义争取民族解放的武装斗争。在残酷的斗争中，"文协"左翼战士客家人郭常和农民组合领导刘双鼎先后被捕，死在狱中。

抗日战争爆发后，许多爱国台胞冒着生命危险，返回大陆与祖国人民一道抗战。留在岛内的广大同胞，同日本侵略者进行了英勇的斗争，用实际行动支持祖国的全面抗战。广东饶平客家人郑进安、广东南澳客家人蔡买生、福建龙岩客家人郑资深、广东高要客家人龙才、福建上杭客家人陈（一作黄）景岳等等，他们在台湾组织了中华会馆、抗日救国会等社团，或者积极进行宣传收复台湾、瓦解敌军、协助抗战等方面的工作；或者身先士卒，洒血疆场，与日本侵略军进行了殊死的搏斗。他们有的在日寇牢笼里大义凛然，忠贞不渝，宁死不屈；有的在日军的屠刀下惨遭杀戮，不幸遇难，以身殉国。他们为祖国的抗战事业，为台湾回归祖国，付出了巨大代价，做出重大贡献。

刘国轩、丁日昌、丘逢甲、刘永福、罗福星……这些客家人中杰出的人物将自己的前途命运与祖国的前途命运紧紧地联系在一起，在民族危机面前，他们总是站在祖国和民族的利益高处，审时度势，唤醒民众，为护台御敌，维护祖国的统一而斗争。他们的事迹惊天地，泣鬼神，光青史，传四海。他们的名字使客家民系的星空更加灿烂辉煌，也给我们中华民族的光辉历史增添了光彩。

请记住他们！

(二) 现当代台湾各界的客家名流

在今天的台湾社会，客家人依然是时代骄子，在政治、经济、文化、艺术、医药、卫生等领域建树不凡，他们有的从事医师、律师、教师等专业性极强的职业，有的则在工商业领域大显身手……涌现出许多政治精英、实业精英、文化精英。更重要的是，这些客家精英有相当一部分已走出台湾，走向世界。下面所列举的20世纪以来出自台湾的著名客家人士，名单虽不完整，仅是冰山一角，却也是各自领域的杰出代表。

1. 政治人物

客家人渡海来台后，随着人口的不断增加，逐渐成为台湾的第二大族群。经济置业方面已经取得卓越成就的客家人开始谋求与其他族群平等的政治地位，越来越多的客家人开始从事政治，并在政治领域发挥着应有的作用。

吴鸿麒（1902~1947年），台湾桃园县中坜客家人，乃一介文人，台湾总督府国语学校（后改师范学校）毕业。毕业后，在龙潭公学校、中坜公学校任教，后离职入上海协和大学就读，随后转日本大学法科毕业。1930年于日本取得律师资格后，1931年10月在台北建成町开业，成为台籍执业律师。1945年，任台湾高等法院推事（法官）。1947年"二二八

◎吴伯雄父亲吴鸿麟兄弟合影

事件"爆发，同年3月12日吴鸿麒在法院开庭审案，并未参加任何游行活动，但被警备总部参谋长柯远芬派员逮捕。四日后，吴鸿麒的遗体被发现于南港桥，脸被打烂，面目全非，且生殖器也被割除，死状凄惨至极，无人能辨认其身份。后因吴鸿麒之妻辨识出其内裤，方能认尸。吴鸿麒孪生弟吴鸿麟，中国国民党籍，曾任桃园县议长、县长。吴鸿麟之子吴伯雄，后任中国国民党主席。

吴伯雄（1939年~　），前桃园县县长吴鸿麟之子，曾任前"总统府"秘书长、"行政院"内政部部长、政务委员、桃园县第七届县长、台北市长、中国国民党中央委员会副主席及第五任中国国民党中央委员会主席，中国国民党荣誉党主席。2008年以党主席的身份率团访问大陆，为两岸关系的发展做出了重要贡献。

黄国书（1907~1987年），本名叶焱生，台湾新竹客家人，早年留学日、德。抗日战争时期，曾任国民革命军中将，为二战期间中国军队中的台籍最高将领。后任"立法院"院长，为首位台籍"五院"院长，更是蒋中正时代官位最高的台籍人士。

黄玉振（1952年~　），台湾省苗栗县三湾乡人，客家人。中国文化大学新闻系毕业，曾担任《联合报》政治线记者、电视台总编辑等职，之后离开媒体界，成为时任中国国民党主席马英九的重要幕僚。前任中国国民党文化传播委员会主任委员、国民党文传会发言人，2008年5月出任台湾地区"客委会主委"。2009年9月，续任"客委会主委"。

◎吴伯雄、戴美玉伉俪合影

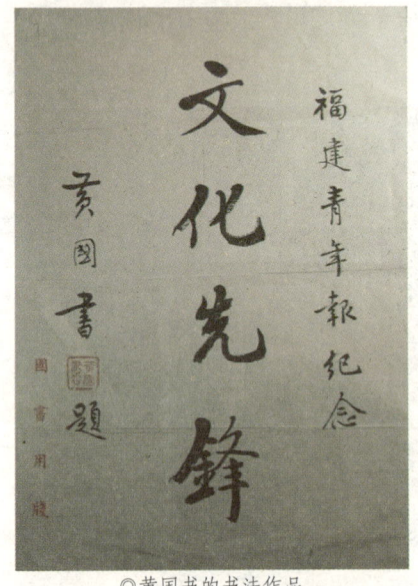

◎黄国书的书法作品

林郁方（1951年~ ），台湾省高雄县人，客家人，淡江大学英文系毕业，1980年获得淡江大学美国研究所硕士学位，1989年获美国弗吉尼亚大学国际政治学博士学位。2008年1月当选为"立法委员"。

范光群（1939年~ ），台湾省新竹客家人。2003年花莲县长张福兴病逝，台湾当局内政部门指定范光群担任花莲县代理县长，在2002年到2004年期间曾经担任台湾省主席。

钟荣吉（1943年~ ），台湾省高雄县美浓镇客家人。曾任"立法委员"、亲民党中央党部秘书长。他的政治主张是反对"台独""公投制宪"以及军购。他有一侄子钟绍和，亲民党籍，第四、五、六届区域"立法委员"。

2. 商界精英

由于客家人行走天下，移民世界，在海外商界不乏成功者，因此亦有"东方犹太人"之称。客家人一直都保留着饱读圣贤书的中原传统，客家商人在经商过程中秉承儒文化指导和规范自己的行为，讲究互惠互利，求同存异，具有良好的商业道德。同时客家儒商在功成名就之时往往慷慨地回报社会，"以德为本，以义致利"是客家儒商的经营思想。

李阿青（1924年~ ），台湾桃园人。南方外语专科学校东方语言系毕业。美国得克萨斯州州立大学荣誉化工博士。长期从事工商业，曾任富江企业公司董事长，台湾资生堂股份有限公司董事长，台湾东亚电磁钢公司总经理，宏盛企业公司、友力纸品工业公司常务董事，法徕丽国际股份有限公司董事长，国际狮子会300G区监督，台湾绿藻工业公司监察人等职。现任台湾资生堂公司总经理，无给职"国策顾问"，台湾资生堂集团名誉董事长，法徕丽国际股份有限公司名誉董事长，华资妆业股份有限公司名誉董事长，盛泰投资股份有限公司董事长，台湾东亚电磁钢股份有限公司副董事长，宏盛企业股份有限公司常务董事，台湾绿藻工业股份有限公司董事，新竹高尔夫俱乐部股份有限公司董事，台湾区化妆卫生用品工业同业公会理事长，台湾区肥皂清洁剂工业同业公会、台湾省祥和社会推动委员会委员，台湾"国家发展策进会"常务理事，世界台湾客家联合会名誉会长，全美客家联合会最高顾问，世界李氏宗亲会名誉理事长，台湾李氏宗亲总会顾问，台北市客家文化基金

会董事,桃园县立文化基金会监事等。

罗永桂,1927年9月26日,出生于福建省宁化县翠江镇小溪村。1949年,随父世禄举家东渡台湾。从事商贾,白手起家,精心经营,创造伟业。其父逝世后,他继承父业,矢志拼搏,资产超前,深得海外豪商巨贾所赞许,荣膺上海、台湾、香港等地区和越南、韩国、西班牙、加拿大、危地马拉等国家和地区的龙灯集团公司董事长、总裁,堪称名利两望。永桂离乡背井,远涉重洋,成为海外康商,始终心系家乡繁荣发展。每当获悉家乡遭受自然灾害或宗族间修葺祖祠等公益事业时,总是义不容辞,慷慨解囊。他于1995年、1997年先后资助人民币5万元修建宁化城关小溪边罗氏祖祠和方田沙罗坝罗道景公祠,博得众亲称道,并立碑旌表。1994年获悉宁化遭受百年罕见特大洪水灾害,亦捐人民币10万元支援家乡救灾,扶困济贫。其身居海外心系祖国之深情,将激励着所有华夏子孙,共同为祖国、为梓里的繁荣昌盛做出贡献。

叶培城(1960年~),台湾苗栗县客家人,台湾技嘉科技有限公司董事长,该公司主产品是电脑主机板,自有品牌,全球电脑主机板行业的主流厂商之一。

◎福建省宁化县的罗氏宗祠

李元发是最早一批到北京投资的台商之一。毕业于美国加州大学伯克利分校的他，祖籍广东梅县，是个地道的客家人，在台湾从事过多年房地产代理。从1992年到北京成立"九鼎轩"开始，李元发在京城房地产圈中摸爬滚打了二十多年，早已是个颇有名气的台商。除了此前已有的北京市台资企业协会副会长、九鼎轩董事长、小牛津国际学校创办人等头衔外，现在李元发又多了一个"北京东山名庐生态农业开发有限公司董事长"的头衔。2009年9月，他在北京市门头沟区军山镇的东山村开办了京城第一个以台湾生态农业模式经营的生态庄园——台湾农场。台湾农场以生态和有机为经营理念，提倡"LOHAS——健康可持续性的生活方式"。目前，通过引进台湾生态农业管理模式，台湾农场已经获得了国家有关部门颁发的有机食品认证。李元发将他的《生态宣言》刻在了一块大理石上："遗迹斑驳，河水枯竭，鸟儿迁徙，决心再造；自然永续，心愿种在土里，期盼美梦成真。"

儒商张文政。张氏家族原籍广东五华县，清代中叶因乡里缺水发生械斗，为求生计，先祖张文英携一子渡海到台，繁衍至张文政父亲辈时系入台第五代。张氏在台历代保存有祖宗的风俗习惯，客家话代代相传。每到农历年、中秋节皆要向着大陆原乡祭拜。张文政的母亲娘家是广东梅县的。他自幼承双亲客家话的双重庭训，发音更加标准。小时候，张氏家境不宽裕，爷爷为鼓励他上学特给他一双新鞋穿。小文政非常爱护这双鞋，竟一直"穿"了好几年。原来他平时光着脚，一直到校门口方才穿上鞋，好几年都穿不烂，其窍门就在于此。也许因为这些家庭因素的熏陶，张文政特别努力读书，也特具客家情怀。在村里的同龄人中，他成为佼佼者，考上了台湾大学金融专业，毕业后在教育

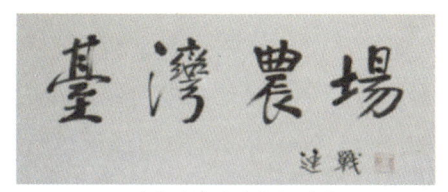

◎连战为台湾农场题的字

◎北京台湾农场里的景观

界工作（师范大学教育研究所、高商专职执教）。1981年他32岁时，当选为桃园县县议员。他是无党派人士，工作认真，以客家人的"硬颈精神"而为县人所拥戴。20世纪80年代中期，他便开始踏上大陆从商，创业的艰辛、闯出新天地的成就感，均使他获益多多。张文政长期致力于传承客家乡土文化，每年穿梭往返于海峡两岸若干次，从商之余，投入精力从事客家乡土研究，共有五种著作面世，这是他智慧的结晶，又是海峡两岸文化交流的写照：在台湾出版有《船与我》、《乡土呼声》两种，在大陆出版的有《客家硬颈精神》、《客家人话客家》和《客家话三两句》三种。《客家话三两句》是海峡两岸第一部客家话与国语（普通话）对照的双语教学磁带，对于会国语的则对照学习客家方言；对于会说客家话者又可学习标准的国语；对于既不能讲好客家方言又不会讲国语的，一学而两全，均达到标准化。张文政自谦地取其名为"客家话三两句"，其实收有客家话及语词近千条，并进行科学分类。这位前县议员在两岸数千里之间奔波七年之久，为了解两岸词汇的差异及不同的表达方式尽心尽力。他去得最多的是北京大学语言研究所，还有天南地北的地方。如为了一个客家话字义古渊源，赴广东梅县嘉应州志研究中心查找。最终在辽宁人民广播电台录制完成，出版面市，广受海峡两岸学者及客家人的喜爱。2001年3月中旬成都举行国际桃花节暨第六届国际客家学术研讨会上，《客家话三两句》特别陈列展览。张文政历经七载方完成海峡两岸的首部客家话双语教学磁带，其奉献精神、开拓精神在商品经济大潮的今天，实为可敬可佩。张文政说，为客家人做一些事情，是他一生的追求。而客家语言是客家族群的命脉，客家语言中有深厚的中原古汉语的底蕴，传承客家话，即是为中原文化之传承。张文政的《客家话三两句》将以海峡两岸有史以来的第一部客家方言教学磁带的身份载入史册。

徐炎兴，广东蕉岭籍的台湾客家人，建设行业大企业家。他创办广宇住宅工业公司，任董事长，并当选为亚太地区和世界不动产联盟会员。该公司还被评为台湾十大优秀建筑公司之一，获得"金龙奖"。

魏应州，祖籍福建永定，1954年生于中国台湾，1980年代接过父辈在台湾彰化的事业。1992年8月21日，投资800万美元在天津开发区成立天津顶益国际食品有限公司，"康师傅"成为中国方便面的代名词。1995年，"康师傅"开始在天津开发区生产糕饼；1996年，开始在杭州生产饮料。方便面、糕饼、饮料共同构成"康师傅"的三大支柱。

徐振森，台湾新竹客家人，父母亲务农，本人曾经当过挖马路的工人，也摆过地摊，卖过臭豆腐，睡过台北新公园，甚至病倒在台北火车站附近的街头。1983年用20万新台币开始创业之路，从事灯饰制造业，打造梦中王国。1989年左右，随着台湾土地价格高涨，经营成本提高，他开始思考企业的未来。生性不怕冒险的他，成为第一批考察大陆的台湾企业家。当他第一次到大陆时，他已经很笃定地告诉自己："大陆广大的市场是我人生最大的机会，我绝对不能缺席。"他选择在东莞虎门落脚，从承包大陆国营厂的生意做起，累积经验之后，徐振森就决定自己办厂，创办莹辉集团，从事设计制造及销售照明产品。1999年11月11日，莹辉集团终于成功地在香港职交所上市，成为亚洲地区第一家在香港上市的灯饰照明公司，拥有近百名的研发设计人员，每天都在研发出奇制胜的各种新产品。以1998年的884种新产品为例，其中就有260种获得市场青睐，成功率高达32%。1999年厂房规模已达5.7万平方公尺，拥有17条现代化自动生产线。

3. 科学巨匠

客家人在科学领域更是人才辈出，出

◎魏应州

◎天津顶益国际食品有限公司

◎莹辉集团董事长徐振森

现了许多享誉海内外的科学巨子，他们身体力行，用吃苦耐劳、艰苦奋斗、勇于开拓、不断进取的"硬颈精神"诠释着科学精神。

范良政（1929年~ ），桃园杨梅人，台北高等学校和台湾大学毕业。1952年到美国，先后就读于堪萨斯州州立大学和西维吉尼亚大学，获得化学工程博士学位。他致力于系统工程、能源转换、固体混合等领域的研究。1958年以后，担任堪萨斯州州立大学化学工程系教授，并担任系主任，被誉为杰出教授。1990年，匈牙利维斯普伦大学授予他荣誉博士。全美科学促进协会和全美化学工程研究所会员。著有英文和日文科学书籍多种。

丘应楠，国际著名的物理化学家。祖籍广东省蕉岭县文福镇白泥湖淡定村，系丘逢甲之孙、丘念台之哲嗣，1933年11月25日生于广州，后因抗战军兴，才回家乡文福镇创兆学校及梅县南口乡小学念书。1945年抗战胜利，台湾光复，丘念台带领全家回到台湾，那时丘应楠才十三四岁。丘英楠到台湾后入师大附中就读，毕业后进入台湾大学，因成绩优异，于1953年获台湾国际基金会资助，赴美国肯塔基州就读贝利亚大学化学系。1960~1962年进美国哥伦比亚大学博士后站；1962~1964年进美国芝加哥大学博士后站；1964~1966年在美国天主教大学任助教；1966~1970年在美国天主教大学任副教授；1970~2001年出任美国天主教大学化学系教授；1972~1981年出任美国天主教大学化学系主任；后为美国天主教大学荣誉教授。丘应楠在物理化学研究领域，特别是在化学键本质、拉曼散射、反应动力学、激发态结构和多光子效应等方面，取得了国外化学界瞩目的成就。早在30多年前，他所创始的既约束量方法研究者多分子科学理论，如分子与光的相互作用，分子结构性能、碰撞反应，分子高元放射耀迁强度，分子间高元电磁作用、旋光度等等，早已被国际化学界肯定，他的理论构思提出十余年后，才被化学实验家所证实并应用。当今他被许多专家誉为用此深入方法研究分子的国际领袖，因而荣获美国化学界最高荣誉之希尔布兰奖，这个奖犹如化学界的诺贝尔奖。1993年10月28日，被授于南京大学名誉教授职衔。

徐傍兴（1909~1984年），台湾客籍知名医师、教育家、台湾学生棒球推行者。他的影响力横跨医界与体坛。他所创立的徐外科与美和棒球队，至今分别发展为台湾知名私立医院与棒球明星学校。2007年，台湾客家电视台自制的"年度大戏"即以徐傍兴生平为原型，而该连续剧名称就叫《大将徐傍兴》。

◎连续剧《大将徐傍兴》的题字

徐千田（1911~1992年），妇产科医生，一生致力于医务和教学工作，热心培养良医和良师，曾参与创设和主导台北医学院的发展。

邱士荣（1913年~　），苗栗人，医学博士，台湾大学杰出教授，曾任台大医院院长。

宋瑞楼（1917年~　），新竹人，"中央研究院"院士，著名教授、台湾大学癌症中心主任。

李彦辉（1937年~　），苗栗人，内科医师、癌症学家。台湾大学医学系毕业，洛杉矶加州大学医学博士。目前主持李氏诊所，兼任费城杰佛逊公园医院主治医师。

江万煊，苗栗人，台湾大学泌尿科著名教授，长年奉献于教学研究，受惠学生立足海外。

江汉声，本籍苗栗，台北医学院教授兼泌尿科主任，时写文章，介绍健康之道。

李壬癸（1936年~　），知名语言学家，"中央研究院"院士，宜兰出身的诏安客家人。美国夏威夷大学的语言学博士，从1970年起，就以台湾南岛语言研究为主，为该领域的专家。

4. 文艺界人士

在台湾的文学艺术领域中，亦不乏客家人奋斗的身影，他们有以赖和、吴浊流等为代表的文学翘楚；有以詹秀蓉为代表的书画精英；有以黄荣洛、徐正光为代表的历史学、社会学专家学者；更有以江文也、侯孝贤、罗大佑为代表的艺术奇才。所有这些都是台湾客家人的财富。

赖和（1894~1943年），原名赖河，字懒云，笔名懒云、甫三、安都生等。

◎台湾新文学之父赖和年轻时的照片

◎赖和曾就职的鼓浪屿博爱医院

◎赖和（右二）和好友王兆培（左一）、翁俊明（右一）的合影

台湾彰化人。他是一位福佬化的客家人，在台湾和厦门当过医生，同时从事抗日运动和文学创作，在台湾掀起了白话文学运动，发表新诗《觉悟下的牺牲》《流离曲》《南国哀歌》，散文《无题》，小说《斗热闹》《一杆"称仔"》《不如意的过年》《善讼人的故事》。其作品充满着爱祖国、爱人民的思想，辛辣地揭露和控诉了日本侵略者和官吏地主对台湾人民的压迫、剥削，热情歌颂台湾人民的反抗精神。他是台湾新文学的奠基人，被誉为台湾新文学之父。赖和的作品对台湾五四运动以后的一代乡土作家产生了深刻的影响，而赖和本人则成为台湾新文学运动的先驱，被誉为台湾文学的"奶母"、"台湾的鲁迅"。他曾主持《台湾民报》文艺栏工作，积极推进台湾新文学运动，为日本殖民政权所不容，两次入狱，仍不屈服，奋斗不懈，1943年因病去世，享年50岁。

吴浊流（1900~1976年），新竹县新埔镇人，幼时受日语教育，毕业于台湾总督府"国语"学校师范部，做过教谕、小学教员，1941年，赴南京任《新报》记者，一年后返回台湾，先后任台湾《日日新报》《台湾新闻》《新生报》《民报》记者，后转任台湾机器同业公会专门委员（1949~1965年），曾参

加诗社,1936年开始写作。吴浊流是台湾早期的乡土文学作家,前期的小说以日据时代的生活为背景,代表作为《亚细亚的孤儿》;后期的作品以反映战后台湾社会为主,代表作有《波茨坦科长》、《狡猿》。辉煌的文学成就,使他成为台湾抗议文学、讽世文学的第一人。除文学创作外,吴浊流还创办《台湾文艺》杂志(1964年),设立"台湾文学奖"(1969年)、"吴浊流文学奖"(1969年),奖励后进,不遗余力,1976年逝世,享年77岁。《亚细亚的孤儿》是一部具有强烈抗日意识的作品,战后才得以发表,是台湾现代文学史上的名作。作品通过主角胡太明的生活道路和思想历程,反映出日据时代台湾人民精神上的痛苦与悲愤、生活的苦难与辛酸,塑造出台湾人精神史上的一个典型,表现了作者深刻的洞察力。这部作品被誉为"一部雄壮的叙事诗"。

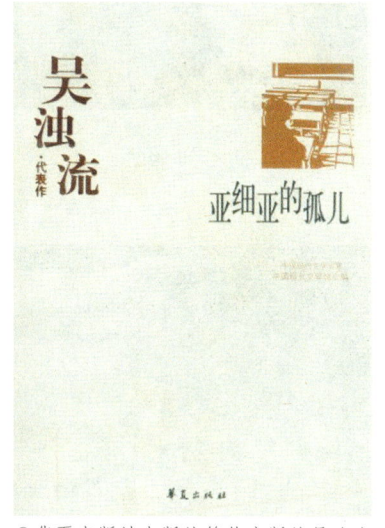

◎吴浊流故居

◎华夏出版社出版的简体字版的吴浊流代表作《亚细亚的孤儿》

龙瑛宗(1911~1999年),出生台湾新竹北埔小商人的家庭,排行老四,本名刘荣宗,客家人。1930年毕业于台湾商业学校,毕业后在台湾银行任职。1937年第一篇作品小说《植有木瓜树的小镇》获日本《改造》杂志社小说征文的"佳作推荐奖"。1940年加入日本作家西川满组织的台湾文艺家协会，任《文艺台湾》编委。1941年曾任台湾《日日新报》编辑。台湾光复后，任《中华日报》日文部主任，后转入合作金库任信托部课长。1961年升为合作金库人事室副主任。1970年退休，继续从事写作，为台湾现代文学运动后期高产作家。

韩素音（1917~2012年），原名周光瑚，医生兼小说家，韩素音是汉属英的音译，意为她这位汉人已入籍英国。母亲是比利时人，父亲是客家人。在中国大陆度过童年，毕业于燕京大学和英国伦敦大学医学系。后弃医从文，她用英文创作的自传小说《瑰宝》在西方世界引起轰动，奠定了她在国际文坛的地位。主要作品取材于20世纪中国生活和历史，体裁有小说和自传。

钟理和（1915~1960年），笔名江流、里禾，号钟铮、钟坚，祖籍广东梅县，1915年出生于台湾屏东县农家。父亲钟蕃薯名闻六堆客家地区，是地主也是农村企业家，童年的他甚得父亲疼爱，因为性格木讷老实，被家人称做"阿诚"，意谓憨直忠厚。直到去世，附近熟人还是称呼他阿诚哥或阿诚伯。他是台湾乡土文学杰出

◎龙瑛宗

◎人民文学出版社1983年版的钟理和作品《原乡人》

的奠基人之一。这位被称为"倒在血泊里的笔耕者",生前一直在默默地拓荒,其作品的价值直到他去世后才逐渐引起人们的重视。代表作有长篇小说《笠山农场》,同时还有《同姓之婚》《奔逃》《贫贱夫妻》《雨》《返乡记》《烟楼》等,结集为中篇小说集《夹竹桃》《原乡人》《雨》等。他是20世纪50年代台湾乡土文学——战后第一代乡土文学最具代表性的作家。

林海音(1918~2001年),女,原名林含英,小名英子,生于日本大阪,原籍台湾苗栗县头份镇。林海音的父母曾在日本经商,在她出生后不久回到台湾,旋即又举家迁往北平居住,就读于北京城南厂甸小学、春明女子中学、北京新闻专科学校。曾担任《世界日报》的实习记者,与笔名何凡的作家夏承楹结婚,后来主持《联合报》副刊10年。小说《城南旧事》是其代表作,描写的是关于林海音童年在北京生活的五则小故事,曾被改编成电影。

杜潘芳格(1927年~),女诗人,创作了日汉客多种语言的作品,其中《庆寿》《清凤兰波》《远湖》等诗集,都有巧妙独创的体裁风格。

邱永汉(1924年~),台南人,东京大学毕业。在日本的商业界和经济界是顶尖学者和实践主义者,被日本人称为"赚钱的神""财务高手"。他多产而具有影响力的作品获得日本最有声望的奖项——青木赏。

◎钟理和纪念馆的钟理和塑像

◎林海音

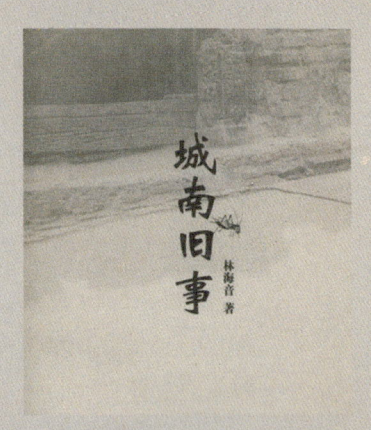

◎林海音代表作《城南旧事》

他的小说《浊水溪》是真实故事的写照，内容叙述第二次世界大战后一个"半山"台湾人如何出卖自己的同胞的事情。

钟肇政，笔名有九龙、钟正、赵震、路加、路家等。1925年生于台湾省桃园县龙潭乡。1943年淡水中学（现在的淡江中学）毕业之后，升学考试失败，在大溪的国民小学当了一年代课教员，1944年进入一年制的彰化青年师范学校。毕业后，他被日本统治者征召入伍，为"学徒兵"，在大甲的海边构筑铁砧山阵地工事约有半年之久。光复后就读台湾大学中文系，因听觉障碍，旋又退学，仍回龙潭任小学教员，决心自学，苦读中文。他出版的长篇小说有《鲁冰花》《八角塔下》《浊流三部曲》《大坝》《大圳》《台湾人三部曲》《高山三部曲》；中篇小说有《初恋》《摘茶时节》；短篇小说集有《残照》《轮回》《大肚山风云》《中元的构图》《钟肇政自选集》《钟肇政杰作选》；文艺理论有《写作与鉴赏》《西洋文学欣赏》；译著有《战后日本短篇小说选》《砂丘之女及其它》《金阁寺》《阿信》等。

蓝博洲（1960年~　），台湾省苗栗县客家人，小说家、报告文学家。辅仁大学法文系毕业。就读大学时，因演讲认识陈映真及杨逵两位白色恐怖政治犯，开始探究相关历史事件，也包括"二二八事件"。1983年开始写小说，1985年以短篇小说《丧逝》获时报文学奖。曾任职于《南方》杂志、《人间》杂志、《自由时报》，及时报出版公司特约主编、"中央大学"新锐文化工作坊主持教授、TVBS《台湾思想起》制作人等，2005年10月，应香港浸会大学国际作家工作坊邀请，担任驻校作家，任夏潮联合会会长。

李乔，20世纪60年代开始从事短篇小说创作，70年代中期开始写长篇小说，陆续写成《寒夜》《荒村》《孤灯》，辑成《寒夜三部曲》。钟肇政在《时代脉动里台湾客籍作家》一文中说这三部曲是："以日本在台湾的五十年殖民统治为经，以苗栗山区几个客家垦民家族的聚散离合为纬，贯穿全书则是台湾人轰轰烈烈、义薄云天的抵抗异族统治的民族精神。"

黄娟，桃园县人，是崛起于1960年代的新进女作家。文笔结构紧密，描写力强且细腻，曾获扶轮社文学奖及吴浊流文学奖，作品有《爱莎冈的女孩》《邂逅》《山腰的云》《故乡来的亲人》等。

黄荣洛（1926年~　），台湾苗栗人，曾任教员、技士、农会总干事等，后从事台湾乡土史的研究。

徐正光，台湾社会学、民族学、文化人类学研究者，客家人，祖籍广东梅县，1943年2月16日出生在台湾省屏东县以客家人为主的内埔乡东片村。在台湾大学社会学系得到学士学位，1968年考取"教育部"公费到美国留学，在伊利诺伊大学获得硕士学位，最高学历是布朗大学博士。回台后在"中央研究院"做研究工作，并历任台湾大学、台湾清华大学教职，2000年5月20日进入政界，出任"蒙藏委员会"委员长，其间受命筹备"行政院"客家委员会，2002年1月卸任。2002年9月1日起出任"考试院"考试委员。

詹秀蓉（1956年~　），出生于台湾新竹县关西镇一个民风淳朴的客家农村。虽然家境清寒，但詹秀蓉从小就喜欢写毛笔字，每日坚持苦练书法。一个"永"字写上千遍也不厌倦，稍有进步即雀跃不已。由于字体工整秀丽，祖父常将她的作业拿给堂兄妹作模版临摹。24岁与长她11岁的同乡江庆顺结婚。1989年江庆顺被发现罹患恶性鼻咽癌，医生预估他只有半年的生命。詹秀蓉寻访秘方，甚至远赴大陆，花了不少钱但都没有买到特效药。后来，为减轻丈夫的病痛，立志终生抄写经书。从此，病榻前，詹秀蓉点灯抄写经书，江庆顺则作画相陪。有一回江庆顺勾勒出观世音像，问她能否在佛像边缘写完观世音

◎詹秀蓉的陶瓷书法作品

◎詹秀蓉的陶瓷书法作品

普门品全文。她觉得"你书我画"很有意思，便用细笔挑灯抄经，费时三月终于完成。因抄经、"写"佛，詹秀蓉的小楷逐渐达到更高境界，后来她又挑战在牙签上写经书，在白米上写字，且不靠放大镜，也能用大头针创造新书法体。勤奋抄经的结果是让心灵得到抚慰，丈夫也奇迹般比医嘱多活了五年零六个月。而詹秀蓉在坎坷的岁月中，磨砺精进，以超人的毅力潜心苦学，书艺随之日臻成熟，并突破传统独创了书法三绝。一绝是落笔材料方面多元化，连鸡蛋、贝壳、牙签、陶瓷、竹片都成了墨迹功到之处等；第二绝是镂空细字书法勾绘佛像与经文；第三绝则以芒雕字法在细小物品上书写，功夫绝伦。其代表作包括长40米，约7万字隶书《妙法莲华经》长卷，以及在小小牙签上楷书的《千字文》，而她书画的莲花观音像及鲤鱼观音像，共9幅屏风，更以其气势磅礴令天下震惊。她每天至少伏案挥毫十小时，每幅作品都倾注全部心血。为了专心艺术创作，她常废寝忘食，饿了就啃馒头充饥，以节省时间。书写时，以字入画，自始至终全神贯注，贯之于笔，传之于字，屏气敛神，不允许有丝毫错失。自2008年为海峡两岸"陈江会"书赠陈云林《和平协商 共创双赢》的金笔镂空书法后，詹秀蓉对赠送访台大陆贵宾的部分书法创作任务，总是来者不拒且每每精心尽力地完成。2009年3月，台北举办中华海峡两岸客家第三届高峰论坛，詹秀蓉于半个月前接受了海基会委托创作书法作品。按一般情况，至少要花一个月的时间才能完成，但为了如期完成任务，她不眠不休只一个星期就完成了作品创作。从设计图样、计算字数到量距离，笔笔斟酌，每个字都必须有力道，又要兼顾艺术性和比例平均，最困难的是一个字不能错、一笔都不能涂改。詹秀蓉说，她很荣幸能搭上两岸历史的顺风车，因此分文不取。詹秀蓉认为，"艺术也能见证历史"。

邓雨贤，1906年7月21日出生于台湾省桃园县龙潭乡，客家人，15岁时进入台湾总督府台北师范学校（今台北教育大学）就学，1925年毕业；24岁时，远渡日本，学习作曲。1932年，

◎邓雨贤

三 客家之光：群芳璀璨宝岛星

◎邓雨贤音乐文化公园内的邓雨贤介绍碑

邓雨贤27岁，江添寿在台北市大稻埕永乐町成立文声曲盘公司，邀请邓雨贤加入该公司。邓雨贤同意，并创作了《大稻埕行进曲》。1933年，邓雨贤28岁，古伦美亚唱片第二任文艺部长陈君玉力邀邓雨贤加入该公司，邓雨贤同意；同年，邓雨贤创作了《望春风》《月夜愁》等歌曲。日据时代末期，因日本殖民者实行皇民化运动，台湾的所有汉语歌曲全遭禁唱。邓雨贤35岁时，辞去工作，回到老家芎林，在芎林国小任教。邓雨贤39岁时，因病去世。现在，台湾人还一直在传唱他的《望春风》。

◎邓雨贤音乐文化公园落成纪念碑

江文也（1910~1983年），台北淡水人，13岁赴东京学习，追求音乐事业。1933年毕业于武藏工业技术学院。因真正的兴趣在音乐，所以在山田小作指导下学习作曲。山田小作是日本著名的现代音乐指挥家、作曲家。从1932年到1937年，江文也每年都在日本全国音乐比赛中获奖，并引起日本音乐界的

图文台湾
台湾的客家人

◎江文也

◎侯孝贤

◎侯孝贤自传体电影《童年往事》剧照

注意。1936年柏林奥运会时，他获得管弦乐特别奖，名闻国际。从1938年开始，任教于北京师范大学。"文革"中，他被打为反革命分子，强迫到乡下做工。他以北京作为音乐主题，创作了四部大型交响乐。同时他以台湾为主题创作了《高山青》曲调。江文也一生献身于作曲和教学，被誉为20世纪的前卫音乐家，是在音乐领域产生影响的第一个台湾人。

侯孝贤，1947年生于梅县，两岁时，全家人包括八十高龄的阿婆（祖母），离开故土移居台湾。1985年，他执导的《童年往事》是一部受赞誉最多的自传体影片。它通过一个家庭的兴衰，透视整个台湾社会的变迁，再现从大陆迁台后整个时代给人造成的失落感。这部影片的内涵丰富，充满生活气息而感人至深。1986年，这部电影荣获柏林影展"国际影评联盟评审奖"，得奖的评语是"用新的电影技术表达人性的共同感情"。侯孝贤的导演风格是追求影片清新淡雅，含蓄隽永，充满诗情画意，让观众不知不觉地走进电影画面，与剧中人物共尝生活中的酸甜苦辣。在2005年10月举办的第十八届东京国际电影节上，中国台湾电影导演侯孝贤因在世界电影业中贡献突出获得黑泽明奖。他是获得该奖项的第一个中国人。

罗大佑（1954年~　），台湾省苗栗县的客家人，祖籍广东省梅县，是台湾地区的创作歌手、音乐人，有"华语流行乐教父"之称。曾创作并演唱《恋曲1980》《恋曲1990》《童年》《光阴的故事》《鹿港小镇》《爱人同志》《亚细亚的孤儿》《野百合也有春天》《皇后大道东》《之乎者也》《海上花》《是否》等脍炙人口的国语、闽南语、粤语歌曲，对1980年代后期到1990年代初期校园民歌及整个华语流行音乐风格转变有划时代的影响。许多歌手争相翻唱其作品。

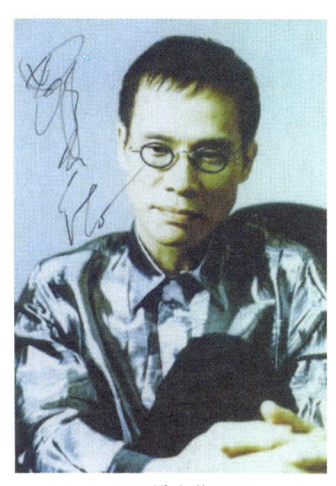

◎罗大佑

◎罗大佑音乐专辑《美丽岛》

四　慎终追远：两岸客家交流亲

"小时候，乡愁是一枚小小的邮票，我在这头，母亲在那头。长大后，乡愁是一张窄窄的船票，我在这头，新娘在那头。后来啊，乡愁是一方矮矮的坟墓，我在外头，母亲在里头。而现在，乡愁是一湾浅浅的海峡，我在这头，大陆在那头。"这是台湾著名诗人余光中先生的《乡愁》，它不仅是诗人自己的乡愁，更写出了包括台湾客家人在内的海外游子的思归之情和魂牵梦绕的故土情结。客家人在不断的迁徙中早已将祖先漂泊途中渗入骨髓世代相传的乡愁变成了一种隐秘的相思，即便异乡已然成为故乡，但依然难忘漂泊者的

◎余光中

◎余光中《乡愁》手迹片段

古老乡愁。同时他们也把因对故乡的眷恋而产生的爱国爱乡、慎终追远、敬祖穆宗等美德发扬光大并转化为实际行动，掀起了一股寻根问祖的热潮。

（一）台湾客家人的寻根之旅

地处三明的宁化县石壁镇成为台湾客家人寻根谒祖的第一站。客家学者刘晓迎曾归纳出："地处闽中腹地的客家祖地三明与隔海相望的台湾省，自古以来就存在着极为密切的关系，有着地缘近、史缘久、血缘亲、文缘深、语缘通、神缘合、俗缘同、商缘广的八缘之亲。"宁化石壁位于闽赣交界的武夷山东麓，距县城约25公里，这里原是一片较开阔的盆地，森林茂密，宛如一堵绿色的屏障，故曾谓"玉屏"。唐代改名为"石壁"，意为铜墙铁壁一样，抗御外侮，宛如一道攻不下的石壁；后来又谐音改写为石碧、石璧。石壁是由江西入福建的重要通道，也是武夷山脉西部缺口之一。在这里，周围有高山，有溪流，可进可退，在中原动乱时，这里一直较为安定。因此石壁便成为古代中原汉人南迁后的集居地，并从这里迁移到闽西、粤东，甚至到台湾、东南亚。故石壁被称为"客家南迁的中转站""客家的第二祖籍地""客家的第二故乡"，有的直接称之为"客家的摇篮""客家的发祥地""客家

◎三明在福建的地理位置

◎恬静的石壁村

◎山西省洪洞县的大槐树

图文台湾
台湾的客家人

◎山西省洪洞县大槐树寻根祭祖园根字影壁

◎山西省洪洞县大槐树寻根祭祖园的移民先祖之位

◎石壁客家祖地牌坊

的祖地"。"北有大槐树,南有石壁村",大槐树代表着中原先人迁徙的起点,而石壁村自然而然地成为客家文明中具有典型性的标志,这是历史巨人的创造,是客家人千百年迁徙所凝聚成的文明之花。它一次又一次吸引着无数客家后人不远千里万里回来探望其所代表的客家祖先,感受它所代表的客家灵气。

宁化石壁客家公祠是世界客家人的总家庙。1992年11月18日奠基,1995年10月16日落成,1998年配套完成,建于公祠后面的文博阁也于这年的10月16日竣工剪彩。客家公祠总体占地面积近2万平方米,其中建筑面积4000余平方米。1995年落成后,每年都举办一届世界客属石壁祖地祭祖大典,并将每年公历10月定为"祭祖

◎石壁客家公祠

四 慎终追远：两岸客家交流亲

月"，至2012年已成功举办了十八届。"客家祖地"品牌在海外客家人中的知名度日渐提高，回祖地石壁寻根祭祖的人络绎不绝，人数年年攀升，宁化石壁客家祖地被海内外客家人公认为客家人的"麦加"，客家人的"朝圣中心"。

客家公祠的兴建和频繁隆重的祭祖活动，获得各方人士的高度评价。台北世界客属总顾问叶英超先生曾在1998年石壁祭祖大典上说："所有长汀的客家人，老祖宗全部都是从宁化石壁迁过去的，宁化石壁也是我的老祖宗居住地，而且是世界客家人真正的祖地。今天海内外客家后裔能跋山涉水，远渡重洋，不计得失来到自己的祖地祭拜祖先，了解祖地勤劳、勇敢、朴实精神及客家悠久文化历史，具有继续弘扬客家精神的历史意义和现实意义。"2010年12月2日，在第16届世界客属石壁祖地祭祖大典上，来自台湾、香港、新加坡、马来西亚、泰国等地区和国家的一千余名客属后裔，身披寓意"天下客裔一家亲"的黄马褂，在礼队的引领下走到石壁客家公祠前的怀祖殿，进行各项祭祖活动。同时，在这里还启动了全球首个"客家人基因族谱"项目，将用生物科技帮助海内外客家人寻根问祖，用遗传学来拓展客家学的研究。今后，全世界的客家人将可以通过互联网服务来检测自己的基因家谱，寻根问祖，同时也填补了国内和国际客家基因族谱的空白。

◎客家祖地题有"客家魂"的石碑

在寻根热潮的感染下，越来越多的台湾客家人纷纷踏上寻根谒祖之路，回到自己魂牵梦绕的故乡。

1991年9月20日，台湾高雄县大寮乡

◎客家公祠内供奉客家先祖牌位的玉屏堂

图文台湾
台湾的客家人

◎南靖县梅林镇的和贵楼（张存端摄）

◎饶颖奇现场题字"故乡月明 武平情深"

◎永定县下洋镇思贤村吴氏宗祠

追远堂管委会主任简锦堂为总领队的访亲祭祖团169人回福建省漳州市南靖县梅林镇长教村祭祖，规模之大，盛况空前。1992年台湾各县简氏宗亲会及简氏个人捐资127万元人民币，兴建长教中学；他们还先后捐资113万人民币用于祠堂修建，道路铺设，谱写了两岸简氏一家亲的新篇章。简氏家族祖居的长教村，一条汩汩流淌的长教溪从此流过，很多土楼点缀在溪边及田野旁，和贵楼和怀远楼是其中的代表。大约在公元1551年，生活在土楼里的长教简氏第九世一浩、一让、一谅三兄弟及允文、质公等相继迁往台湾，十一世至十四世期间大量简氏子民迁台，现在台湾简氏多达32万人。台湾抗日义军首领简大狮，祖籍就在长教的坎下田边社，是长教简氏开基祖简德润的第十七世孙。

2007年9月27日，中国国民党中评会主席团主席、中华海峡两岸客家文经交流协会理事长饶颖奇带领台湾饶氏宗亲，从台湾到武平县中堡镇饶济宇祠堂谒祖，圆了台湾简氏族亲们二百多年的思乡梦。他用客家话说："回家的感觉真好！"并题写了"故乡月明 武平情深"八个大字。

2008年8月14日，中国国民党党主席吴伯雄借赴北京奥运会之机，在时隔8年后再次来到祖籍地福建永定县下洋镇思贤村祭祖。《永定吴氏宗谱》载，吴伯

四 慎终追远：两岸客家交流亲

雄是北宋天圣年间吴氏入闽始祖承顺公第二十七代裔孙，亦是思贤村开基祖钢公第十六代裔孙。吴伯雄的曾祖父吴顺昌，于清咸丰六年（1856年），携妻儿自汕头搬迁到台湾桃园县中坜乡，传至吴伯雄已是第四代。

对于吴伯雄的回乡祭祖，香港《文汇报》8月20日发表题为《吴伯雄谒祖掀台胞寻根潮》的文章。文章说："中国国民党主席吴伯雄一行20多人约一周前赴福建永定县谒祖、参观土楼，掀起了今年来台胞到'客家祖地'寻根谒祖游土楼的高潮。福建永定县旅游部门人士表示，仅今年上半年，台胞到永定寻根谒祖达380多人次，旅游观光有5000多人次，其中7月以来就有4个台湾民间团体来访，吸引500多名台胞前来'客家土楼'旅游观光，比去年同期增加一倍多。永定县旅游局负责人表示，台湾已成为永定客家土楼主要的境外旅游客源市场。随着福建土楼被列为世界文化遗产之后，台胞到永定游览土楼的人数大增，当地政府表示，将打土楼牌，整合旅游资源吸引台胞前来旅游、谒祖。"

2009年12月6日，福建漳州市南靖县举办第二届福建土楼文化节，启动"寻根谒祖，生态土楼行"活动，33位台湾同胞应邀参加并将分别代表各自的宗亲考察世界文化遗产"福建土楼"，展开寻根谒祖之旅。率团前来参加活动的台湾桃园县简氏宗亲会副会长简丞汉说："两岸民众血脉相连，希望南靖县的乡亲们往后也能多到台湾走走，加强联络，进一步增进我们之间的乡情与亲情。"

当然也有很多台湾客家乡亲因种种因素不能回到夜夜思念、魂牵

◎吴伯雄题写"思贤村"三个大字

◎被誉为"四菜一汤"的漳州南靖县田螺坑土楼群（张存端摄）

梦萦的故乡，他们采用各种方式以弥补思乡之憾。

旅台蕉岭籍客家乡亲徐燕谋先生，在年老多病时，常叹道："叶落归根，故国河山，频来入梦，未知尚能返故里否？"1990年他重病住院时，对其女儿说："我百年身后，若得故乡寿衣、寿帽、寿鞋及家乡原土一撮陪葬，心愿遂足。"女儿托回乡探亲台胞将这些东西收集齐备，带到台湾，送到徐先生面前，他老人家弥留之际，摸到家乡故土，认为心愿已达到，乃颔首微笑，于次日溘然长逝。

从台湾客家人的寻根谒祖的事实，不难看出，两岸客家同根同源，血浓于水。以姓氏为例，如今在台湾的一百个大姓中，有不少为客家姓氏，占优势的姓有钟、温、邱、罗、彭、徐、邓、刘、姜、范、詹、涂、余、傅、古、曾、汤、黎、宋、邹、廖、巫、卢等姓，客、福各占一半的姓氏有蓝、张、萧、朱、李、赖、简、游、黄、胡、魏、戴、曹等姓。这些客家姓氏，大多直接迁自闽西，或者祖先从闽西迁到他乡后，再迁到台湾。闽西客家与台湾客家有着密不可分的亲缘关系。在原闽西汀州客家八县中，数宁化、武平、永定三县迁到台湾的客家人数最多。据统计，宁化的姓氏与台湾有亲缘关系的高达90多姓。另外，在台湾，祖籍广东省镇平县（今蕉岭县）的客家人也很多。据台湾出版的《蕉岭乡亲入垦台湾概况》称，清朝嘉庆以前入垦台湾的蕉岭客家人有丘、何、利、吴、汤、巫、李、林、胡、张、孙、徐、涂、许、陈、冯、傅、曾、温、黄、杨、廖、刘、蔡、邓、郑、卢、赖、戴、谢、钟、邝、罗等33姓，480多户。这些姓氏约占蕉岭原有姓氏的63%。据台湾有关户籍调查资料称，祖籍蕉岭的台胞现有40余万人。这个数目，是现蕉岭县22万人口的近2倍。

以萧氏为例，祖籍广东的台湾萧姓家族，与他们来自福建地区的宗亲们一样，追本溯源，也全是南北朝时期梁朝皇室的贵胄，只是他们当初向南播迁的路线有所不同而已。萧姓播迁到福建地区走的是从南兰陵到长乐，然后分支于安溪、同安、晋江的路线；而他们播迁到广东地区的路线却曲折得多，大致是从南兰陵先到湖南长沙，再从长沙到江西泰和，然后再分两路，一路播迁到闽南的漳浦，一路就进入更南方的广东大埔，并且分衍到饶平和陆丰等地。台湾的客籍萧姓，绝大多数是由大埔、饶平和陆丰渡海而去的。现在

◎位于台湾屏东县佳冬乡的萧家古厝

屏东县屏东市的崇兰里有一座维天公祠，祠内所供奉的便是萧姓的泰和南溪始祖萧梅轩。很明显，湖南、江西两地的萧姓，与台湾的客籍萧姓一样，和广东的萧姓，都有极为接近的血缘关系。可以很清楚地看出这样一个事实：台湾的萧姓家族，无论是来自福建的河洛人，还是来自广东的客家人，实际上都是具有密切血缘关系的一家人，与大陆各地的萧姓更毫无疑问是同出一脉的本家兄弟姐妹。

再以巫氏为例，更进一步证明两岸客家一脉相承。按台湾人口统计数量排位，巫姓目前在台湾排第85位。巫氏先祖自明朝始，陆续从福建、广东迁居台湾，主要分布在台北、桃园、新竹、台中、彰化、高雄等地，总人口达三万多。明嘉庆年间，巫翁、巫水父子从福建汀州府永定县迁至台湾南投鱼池（先祖是从宁化移居永定）；康熙中叶（1692年），巫玄儒从广东潮州府饶平县入垦台湾彰化永靖，后裔传衍员林、埔心、新竹、桃园（先祖是从宁化迁永定转广东饶平）；雍正二年（1724年），巫阿政从广东蕉岭入垦台湾新竹新埔，后裔巫玉生、巫玉长移居苗栗头屋，巫玉宇、巫文富、巫永兰、巫永君、巫永荣、巫永潘、巫永新、巫永华移居桃园芦竹，巫玉洞、巫玉

◎高雄凤山北辰宫巫府千岁庙

志移居台北；乾隆初叶，巫文英从广东揭阳入垦台湾彰化永靖田尾（先祖是从宁化迁汀州移居广东揭阳）；1747年，巫乃儒从广东丰顺汤坑渡海入垦台北，后裔移居桃园中坜、平镇、观音（先祖从宁化迁永定转广东丰顺）；乾隆三十五年（1770年），巫植东从广东大埔入垦台湾苗栗铜罗，后裔移居台中、屏东（先祖是从宁化迁广东大埔）；1947~1949年间，巫文贞、巫玉煌、巫植民、巫外东、巫瑞容等从宁化徙居台湾。从台湾巫氏族谱的世系字派、庙宇设祀神位，可见台湾巫氏与宁化的渊源，如用世系字派明示先祖源于宁化的有：台湾南投鱼池的巫氏族谱，其世系字派是："永建及家源宁化，大唐初祖民基革。脉之衍台昌于世，立业有德则可嘉。"彰化溪湖的巫氏族谱，采用道光五年永定翰林巫宜福驾临台湾时为他们家族所作七言绝句为世系字派："有唐初祖兆汀光，千载蕃昌子姓绵；支衍南安诏翼远，崇从宁化本源传。"用庙宇祀奉宁化开基始祖的有：台湾高雄凤山的北辰宫、彰化溪湖的通天宫、新竹县的巫氏祖堂等，这些庙宇都塑有巫罗俊公神像立着神位进行祀奉，当地人称他为巫府千岁，万人朝拜，香火不断。

◎高雄凤山北辰宫巫府千岁庙内景

　　台湾客家人回大陆寻根谒祖，有一人功不可没，她就是大陆新娘卢月香。在台湾，提起卢月香，许多人都会告诉你，这是一个热心热情、漂亮能干的"大陆新娘"。关于"大陆新娘"卢月香的传奇故事很多，最精彩的是她帮马英九先生寻根的故事。卢月香是客家人，祖籍福建永定，1993年嫁到台湾，台湾当地人都称她"大陆新娘"。当卢月香在台湾听马英九说"我是客家人"，她立即想起早前

◎大陆新娘卢月香

四 慎终追远：两岸客家交流亲

在三明市清流县考察投资项目时，曾听清流县马氏宗亲说，马英九是客家人，先祖是从宁化石壁迁徙出去的。这次又听马英九说自己是客家人，热心肠的卢月香专程从台湾到三明市清流县和宁化县考察，在两县有关部门和马氏乡亲的帮助下，终于找到马英九祖上的完整族谱，据

◎卢月香带领客家乡亲到石壁祭祖

马氏族谱记载：马英九系拨公支系派衍，其祖先——扶风三十七世发龙公是入闽始祖，开基于清流北团里南山下。从发龙公至殷公，整整五代居福建，后迁湖南。马英九的族群身份属客家后裔。卢月香如获至宝，她把厚厚的五本族谱抱回台湾，送到马英九办公室。第二天，卢月香就接到马英九打来的电话，对她表示感谢。2008年，台湾竞选地区领导人，卢月香成了马英九的粉丝，参加了马英九民间之友会，由于热情豪爽、工作卖力、人缘好，被选为马英九民间之友会悍马雄兵总队长，走遍台湾为马英九拉票。现在，卢月香在台湾的知名度很高。她得到人们信任，又因为拥有"大陆新娘"的独特背景，乡亲们遇有大陆方面的事务都喜欢来找卢月香帮忙解决。目前卢月香身兼三十余个民间社团职务，是中华四海同心会执行长、世界中华民族统一大同盟秘书长、两岸和平文化艺术联盟大陆副执行长、景美商圈经济发展协会主任委员、客家文经发展协会常务理事等。2009年10月1日早晨，卢月香又接到了一封聘书，大中华乡亲联谊总会聘请卢月香女士任联谊总会的秘书长。卢月香说："我会尽我所能做好每一份托付，履行每一份承诺，并继续为需要的人提供帮助，因为每个社会职务背后，都满含着乡亲们和朋友们对我的信任和期望。"2009年，卢月香四次来三明，共带来71人回祖籍地宁化石壁寻根谒祖，认祖归宗。

（二）敬恭桑梓，回报祖地

台湾客家人回祖籍地寻根谒祖，开展各种交流的同时，也惠及故土，在祖籍地出资兴业，为祖籍地的各项建设做出了巨大贡献。

旅台乡亲何庚生先生，从1991年起连续4年回乡寻根，经过多次反复调查核实，直至1994年才找到其祖居地在蕉岭县南磜乡。他感慨万端，决心开发故乡家园，先后在南磜投资兴办庚生牧场，承包1500亩山地，开发种植银杏、板栗、毛竹，以及养牛等，同时创设芦笋罐头厂等一批实业，累计投资达1860多万元人民币。

旅台乡亲钟法刚先生，多次回到蕉岭县徐溪乡寻根访祖。他在《夕阳思故乡》文中写道："故乡，我永远思念你，因为你曾和我朝夕相依……即将年迈老朽的我，唯愿故乡在，夕阳余辉永相随。"钟先生感恩而图报，决心于事业有成之时回馈社会，造福桑梓。近几年，他先后在蕉岭徐溪等地捐资500多万元，兴办教育、文化等公益事业。

旅台乡亲彭庆隐先生，其先祖于清乾隆年间由蕉岭县迁台湾苗栗县开基。他多次回乡寻根，终于找到其祖居地在蓝坊镇的大地村，同时得知上祖是由蓝岭华侨农村石崀上迁大地后再迁台。他对在台乡亲说："身居宝岛的乡亲，不要忘记我们的祖先，我们的祖居地在蕉岭。"他思乡爱乡，先后分别在石崀上和蓝坊大地各捐资数十万元兴建800米水泥大道和修建学校等。

投资家乡办实业的还有台胞曾一飞先生，在三圳镇投资1000万元人民币，发展种养及农副产品深加工为一体的"三高"农业。台胞丘华燊先生在蕉城投资1900万元人民币，兴建"华新商城"商住小区，又投资3500万元人民币在长潭旅游区兴办华新休闲农庄山水乐园。据统计，全县计有台资企业17家，引进台资790.38万美元。此外，蕉岭台胞大力支持家乡亲属办实业，现计有台属1100余户办起了实业，逐步走上了小康之路。

蕉岭旅台乡亲在蕉岭各地捐资兴办各类公益事业，还有丘应棠女士、罗秋昭女士等等，她们分别在家乡文福、蕉城、蓝坊等地捐资兴建学校、教学楼、图书馆、文化活动中心，创设奖教学金等。台胞谢绍轩先生、黄振益先生等圣心慈善会成员，捐资250万元人民币建成"蕉城县圣心医院"及充实该医院医疗设备。据统计，蕉岭台胞近10年来捐资兴办各类公益事业共1791宗，共计人民币3007.4万元。

福建省龙岩市上杭县也是名扬海内外的客家人重要祖籍地之一，这里有着丰富

◎台商兰花基地新培育的异种兰花（张存端摄）

的客家文化资源，是客家文化的重要发源地之一。2009年10月28日，两岸媒体"重走客家迁台路"联合报道团首站即来到上杭县，参观了上杭县的古田台商兰花基地。古田台商兰花基地是台商王永森先生于2000年开建的，经过十几年的发展，王永森先生已经在古田镇开辟了多个兰花基地，共一百多亩，年产量近十几万盆，一年营业额近一百多万元人民币。在古田镇近10年的生活，让王永森先生成为一个地道的古田人，如今王家祖孙三代都已"落户"到古田。王永森先生在大陆投资、生活的成功经历深深吸引了报道团成员，来自台湾鸿声广播电台的邱夏云经理表示，台商到大陆投资有很多吸引人的故事，王先生的经历正是对准备到大陆投资的台商们一个很好的鼓励，同时也看到了大陆对台商投资是如此热情积极。

（三）两岸客家的文化交流

台湾的客家文化是以中华文化为主体并吸纳了其他民系文化和台湾少数民族文化的区域性文化，是博大精深的中华文化的重要组成部分。因血缘、地缘、商缘、情缘、神缘等原因，两岸客家同胞同气相求，同根相连，同根

◎深藏于山中的台湾客家田园

◎广东梅州中国客家博物馆

共祖,血浓于水。客家文化更是客家祖地联系台湾客属乡亲的精神纽带,在促进两岸客属乡亲的民间交流中发挥着重要的作用。

1. 台湾客家专家学者闽西交流活动

2007年8月8日,以台湾宝岛客家广播电台董事长廖运塘为团长的台湾客家专家学者二十多人,驱车数百公里,下田间、进土楼、访农家、与大陆学者座谈,奔走于闽西南崇山峻岭,到闽西土楼寻找上祖居住发脉的踪迹,深入了解客家祖地与闽台客家关系,为两岸客家文化暨"土楼文化"进一步交流与融合构筑良好的互动平台。当他们奔走于雄伟壮观的初溪土楼群,走进永定最大的土楼承启楼细细观赏,聆听凝聚着中华民族文化精神的振成楼楼主畅述土楼精神时,数十年来在台湾一直从事客家运动并创办《客家风云》杂志的林一雄先生感慨万千。他说,客家人是中华民族中非常艰苦的族群,客家先人在崇山峻岭中建造的每一座土楼都渗透着客家人追求安居乐业、向往和平的精神,是伟大的建筑。廖运塘先生说:"我是客家子弟,客家人是中华民族中很优秀的一支,不管在多么恶劣的条件下,都能适应环境,与不同种族和睦相处。生存发展,在过往的历史中推动着中华文明的发展,成为中华文化的一个重要组成部分。"他希望海峡两岸在经济发展中,注重中华文化的传承和发展。台湾宝岛客家广播电台与龙岩电视台后来达成合作意向,双方通过节目互换,把闽西的客家文化传播给台湾的客家乡亲,也将台湾客家人的生存、发展信息传递给祖地人民。

2. 龙台两地族谱对接,增进了两岸亲缘

2009年3月18日至4月27日,首次由两岸客属团体共同举办的客家族谱展,

四 慎终追远：两岸客家交流亲

在台湾的台北、台中、高雄和苗栗四县（市）展出了上百件国家二级、三级和一般文物，1950年以后新修的族谱85姓124种197册、88姓氏展版129幅、60个姓氏多媒体电子读物，其中80个姓氏资料与台湾有直接联系，充分体现了闽台客家同宗共祖血脉相连的历史事实。族谱展出期间，时值清明节前后，正是两岸客家乡亲祭祀祖先、怀念列祖列宗的时节，展出更激起台湾客家乡亲慎终追远、寻根溯源的情结。历时41天的展出参观者络绎不绝，据不完全统计，共接待来访观众2.36万人次。吴伯雄先生出席了欢迎和总结晚宴；饶颖奇、钟万梅、刘冬隆、何培才、曾腾光和钟任琴等乡贤参观了展出；钟荣吉、赖幸媛、林则政等乡贤还赠送了花篮。

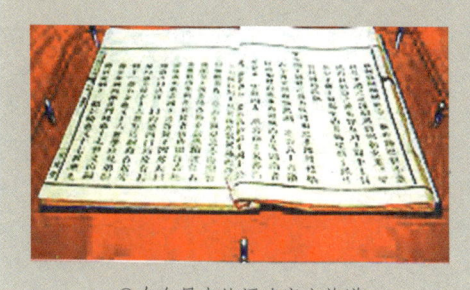

◎在台展出的福建客家族谱

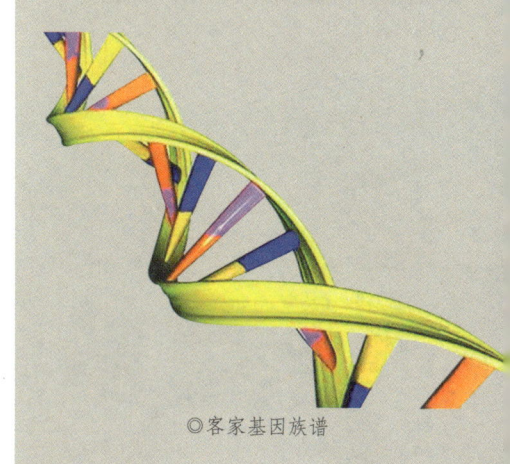

3. 台湾客家学者参访世界客都

2009年8月22日，世界客都梅州迎来了台湾大学、台湾联合大学、美和技术学院、台湾族群研究会等高校与研究机构的专家学者，他们参加由嘉应学院客家研究院主办的"走进客家社会：2009年广东梅州田野调查实作研习营"，展开为期5天的系列活动。台湾专家学者们考察了梅州灵光寺、松口崇庆第、黄遵宪故居、中国客家博物馆等地，从客家风俗习惯、客家民居、客家名人、客家方言等方面，全方位考察客家文化。

◎客家基因族谱

4. 广东三山国王祖庙赴台会香祈福

2009年10月19日，由中共广东省委常委、广东省统战部长、广东省海峡两岸交流促进会名誉

◎世界客都的标志

— 87 —

图文台湾
台湾的客家人

◎海峡两岸三山国王信仰与民间合作交流研讨会合影

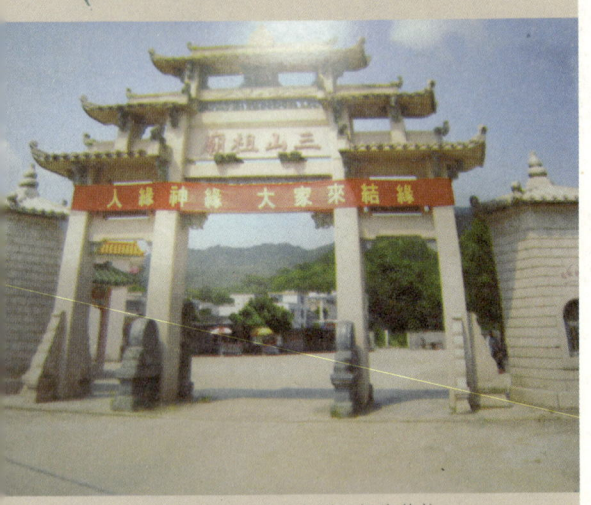

◎广东揭西县三山国王祖庙牌坊

◎广东揭西县三山国王祖庙内景

会长周镇宏为团长,广东省委台办主任陈国兴、揭阳市政协主席欧汉波为副团长率领的广东三山国王祖庙会香祈福交流团一行76人(揭阳市参团37人)抵达台湾,交流团护送三山国王祖庙三位王爷及夫人神像,巡游、访问台湾各地的三山国王宫庙,开展为期14天的以三山国王文化为主题的会香祈福交流活动。此次会香祈福交流活动,分A、B、C三个交流团进行,从台湾南部至台湾北部绕岛进行,途经屏东、嘉义、彰化、台中、宜兰、台东、花莲、台北等市县,先后到屏东石光见广惠宫、嘉义中庄广宁宫、彰化埔盐顺天宫、台中丰原南兴宫、宜兰振安宫、新北林口庆安宫等92个三山国王宫庙会香祈福。在台期间,国民党荣誉主席吴伯雄、副主席曾永权、海基会董事长江丙坤、台湾三山国王宫庙联合公会会长潘俊光及广东各台商协会会长、广东省海峡两岸交流促进会台籍副会长和揭阳大南山台农种养有限公司董事长潘永华先生等分别会见、宴请或陪同会香祈福交流团一行。这次赴台会香祈福交流主要活动包括举办赈灾捐款仪式,举行会香仪式,召开两场三山国王学术研讨会,召开三山国王祖庙项目开发扩建推介会,揭西三山国王祖庙联谊会与台湾三山国王宫庙联合会签订《广东三山国王祖庙交流合作协议》，赠送三山国王的历史传说专著编制相关内容的DVD宣传片。两岸客家人会香祈福，增进两岸交流合作，成绩斐然。

5. 两岸媒体联合重走客家迁台路

"一曲渡台歌，两岸客家脉——两岸媒体重走客家迁台路"联合报道采访活动于2009年10月28日从福建龙岩启动。报道采访团是由中央人民广播电台对台广播中心联合台湾海峡两岸广播电视交流中心、台中太阳广播电台、新客家广播电台、宝岛客家广播电台、苗栗大汉广播电台、苗栗正义广播电台、新竹新农广播电台、苗栗文化客家电台、苗栗鸿声广播电台9家台湾媒体及相关机构组成。

此次两岸媒体联合采访将沿着客家先人的迁台线路，重点走访福建、广东两省7个具有代表性的客家祖地，将从"客家祖地"闽西龙岩、上杭出发，进入广东蕉岭，到达"世界客都"梅州、大埔，走访以"客家土楼"闻名于世的福建永定，最后抵达客家先人迁台的重要口岸之一的厦门。沿着这条客家迁台的历史长路，两岸媒体实地考察重要客家史迹、客俗风情，与当地客家学者、台胞台属共同探讨客家历史文化以及两岸客家人同宗共祖的血缘关联和文化认同，报导如今客家原乡的巨大变化，宣扬奋发进取、勇于开拓的客家精神。

◎两岸媒体重走客家迁台路

◎两岸媒体重走客家迁台路联合报道采访团合影

◎重走客家迁台路大型系列报道网络宣传版

6. 两岸客家文化研究院永定揭牌，吴伯雄题写院名

2010年6月22日，两岸客家文化研究院揭牌剪彩仪式在世界文化遗产福建永定县振福楼举行。同时，两岸客家文化研究院与台湾大学客家研究中心达成了交流合作关系，并首次召开了两岸客家文化交流座谈会。中国国民党荣誉主席吴伯雄为两岸客家文化研究院题写院名。中国国民党副主席、台湾海基会董事长江丙坤，中国国民党副主席曾永权等来自宝岛台湾的知名人士为两岸客家文化研究院成立题词或发来贺电表示祝贺。台湾大学客家研究中心主任邱荣举、台湾桃园县文化基金会执行长胡鸿仁、台湾竞争力论坛执行长谢明辉、台湾中华两岸文化经济协会秘书长江彦震及福建永定县相关领导等一百多人出席了揭牌仪式。福建永定县政协主席徐建国表示，兴建"两岸客家文化研究院"，旨在拓宽海峡两岸客家文化交流空间，为海峡两岸专家、学者构建客家文化研究、交流的新平台，有助于加深台湾与大陆之间的文化认同。台湾大学客家研究中心主任邱荣举表示，以他为代表的台湾大学客家研究中心研究团队以后会经常派人来到永定，更加深入地研究客家土楼文

◎福建永定县湖坑镇振福楼，依山傍水，风景十分秀丽（夏日利摄）

◎振福楼文化内涵十分丰富，是生土建筑艺术的典范（夏日利摄）

◎两岸客家文化研究院牌匾

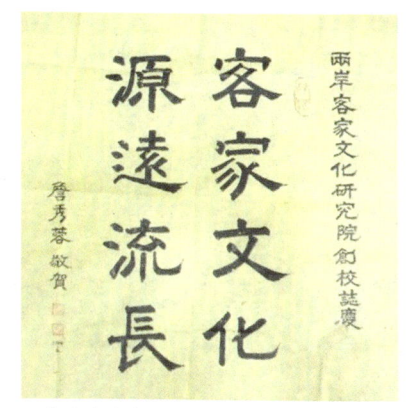

◎台湾客家书画家詹秀蓉为两岸客家文化研究院题词

化,为客家土楼文化的弘扬和两岸客家文化交流与合作继续努力。同时,两岸专家、学者纷纷表示,两岸客家文化交流与合作,是两岸文化交流的有力动脉,是发扬中华文化的重要一环。两岸专家、学者共同倡议,要加强两岸客家文化交流与合作,共同整合两岸客家研究,弘扬客家文化,创新客家文明。

7. 两岸多次开展客家保护神定光古佛朝拜交流活动

福建省武平县在发展两岸定光古佛进香团交流工作上,充分挖掘合作潜力,拓展交流领域,不断丰富海峡客家文化内涵。2010年初,武平县有关方面先后两次组团前往台湾为定光古佛朝拜事宜进行交流,并与台湾两岸和平文化艺术联盟、彰化定光古佛庙等3家协会缔结友好合作关系,并与台湾14个单位、团体约定"回访"武平。2010年9月11日,台湾两岸文化艺术联盟、台湾中华生产党、台湾客家电视台、台北新店客

◎始建于北宋重修于清乾隆十六年的均庆寺

图文台湾
台湾的客家人

◎定光佛巡游台湾

◎定光佛金身抵达台湾彰化定光佛庙

家族群促进会等9个参访团150余人组成的进香团,来到武平县岩前镇狮岩均庆寺,向定光佛进香朝拜。

2010年11月,武平县政府和台湾中华海峡两岸客家文经交流协会、台湾彰化定光佛庙、台北淡水鄞山寺联合举办了定光佛金身首次巡游台湾活动。16日,定光佛金身从狮岩均庆寺起驾,由46人组成巡游团护送,经厦门飞台北,然后直抵彰化定光佛庙,开始在台湾为期8天的巡游活动,先后巡游彰化、台中、苗栗、新竹、桃园、新北6个县市,在彰化、苗栗、淡水等地举行佛事活动,接受台湾上万名信众朝拜。其间,巡游团还与台湾多个社团和企业,签订了文化、经贸交流合作协议。23日,中国国民党荣誉主席吴伯雄、台湾中华海峡两岸文经交流协会理事长饶颖奇分别在台北会见了巡游团一行。24日,客家保护神定光佛金身在随行46人护送下,从台北起驾,回到福建武平县岩前镇狮岩均庆寺。千余名信众举行了接驾回銮仪式。这标志着自宋代定光佛信仰形成以来定光佛金身首次巡游台湾活动圆满成功。

8. 吴伯雄为闽西客家题材影片《大山寨》题写片名

2011年1月18日,闽西客家联谊会正式收到了由中国国民党荣誉主席吴伯雄为《大山寨》题写的书名、片名传真件。《大山寨》是一部以两岸乡亲在闽粤赣边客家山村奔向小康生活为背景,反映原生态客家土楼生活的长篇小说,当时即将在大陆和台湾出版;与此同时,还将拍摄成30集同名电视连续剧。《大山寨》是中国作家协会会员、闽西客家联谊会副会长张永和历时八年创作而成，共50万字。该书是福建省国际文化经济交流中心2011年重点文化艺术项目、对台宣传重点书目。该书记述了贫困的闽西大山寨村国共两军将领化敌为友、以德报怨的当代传奇，反映闽台两岸乡亲在改革开放中同心协力建设家乡贫困村、革命基点村的感人故事；叙述了"五老"后代、台军中将孙女程玫玫历经曲折磨练，团结两岸乡亲开发煤矿，实现上祖"乌金梦"，保护和发展红豆杉珍稀森林资源，创建"土楼硅谷"电脑产业基地的事迹。

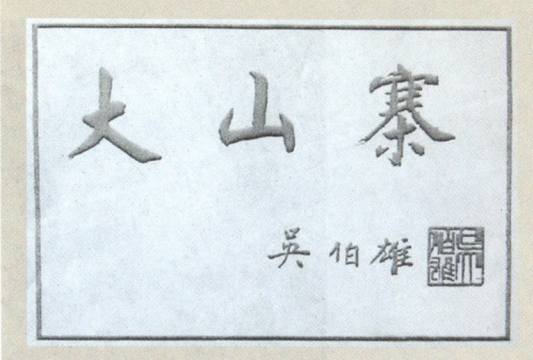

◎吴伯雄为《大山寨》题写的片名

◎《大山寨》作者张永和向吴伯雄赠《大山寨》一书

9. 两岸客家你来我往的互动交流

2010年两岸客家呈现你来我往互动交流的趋势。3月，130多位台湾妇女前往"土楼之乡"福建永定县，参加"永台客家妇女山歌赛"系列活动，携手同唱客家歌。两个月后，"客家祖地"福建龙岩市经贸文化交流团来台"走亲访友做生意"。5月6日，"海峡客家缘"主题活动在台北县客家文化园登场，举办海峡两岸客家恳亲座谈会、永定客家土楼摄影展、《土楼神韵》演出等一系列活动。以世界文化遗产永定客家土楼为题材的"福建土楼·永定客家土楼国际摄影大赛作品展"，以反映福建土楼风情、展现客家文化内涵为主题的大型原生态客家风情歌舞剧《土楼神韵》，吸引许

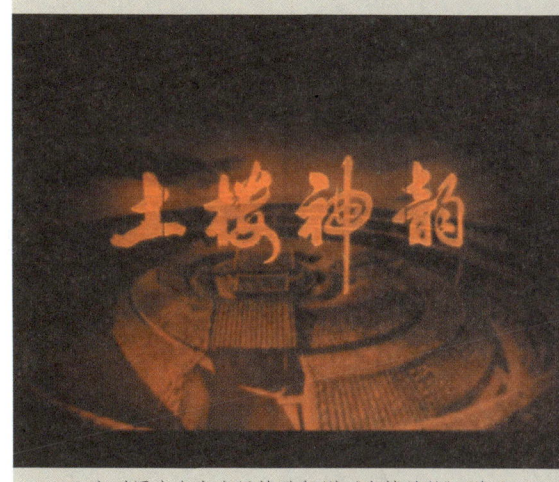

◎大型原生态客家风情歌舞剧《土楼神韵》剧照

◎《土楼神韵》演出剧照

多台湾民众前往观看。特别是，《土楼神韵》未演先轰动，仅有的一千多张票早早就被抢空，使得主办方只好在演出场外增设大屏幕供人一睹为快。在此访问的龙岩市有关负责人向中新社记者表示，这是"客家祖地"奉献给台湾同胞的"客家文化盛宴"，旨在向台湾同胞展示客家土楼，弘扬客家文化，以客家土楼、客家文化为纽带，推动海峡两岸客家文化交流，推动与台湾经贸文化的合作交流。

2010年6月16日，福建省广播影视集团、龙岩市政府、台湾中华海峡两岸客家文经交流协会和台北县政府联合举办"客家之歌"晚会。晚会经两岸及海外十多家电视台向全球直播。这是全球首次以综艺晚会加电视直播的形式，展现客家迁徙奋斗史，诠释客家文化的博大精深。晚会一开场，一个传统元素与现代科技相结合的超大仿真客家土楼从天而降，出现在舞台正中央，晚会在浓郁的客家韵味中拉开了序幕。台湾著名主持人胡瓜、陈海茵和福建省广播影视集团主持人薛晗喆联袂主持晚会。整场表演分为《迁徙之旅》《生命之光》和《乡祖之源》三个篇章，突出展现了悠久的客家文化和客家人的优秀品质。来自客家祖地福建龙岩的汉剧团为大家献上气势磅礴的大型舞蹈剧《迁徙》，史诗般地再现了客家人从黄河岸边一路迁徙、走向全球的奋斗历程，引发现场客家观众的强烈共鸣；客家原创戏曲《乙未丹心》展现了客家人精忠报国、信义传家的气节；台湾"客家歌王"康雷与儿子同台献艺，带来客家歌曲《我是中国人》，唱出了客家人不忘根本的一身正气；马来西亚著名客家歌手张少林及台湾著名艺人杨宗纬、罗时丰等也带来精彩表演，持续点燃现场观众的热情。台湾中华海峡两岸客家文经交流协会理事长饶颖奇在现场表示，晚会让观众们欣赏到客家人的文化和精神，自己作为一个客家人的子弟，内心充满着无限的感动和感激。龙岩市副市长张秀娟说，举办这台晚会主要目的是传承客家文化、弘扬客家精神、增进客属乡谊，希望通过这次演出，搭建一个新的沟通之桥，进一步增进两岸客家文化交流和合作。客家乡亲、中国国民党荣誉主席吴伯雄压轴登场，高歌一曲《客家本色》，引起台北县新庄体育馆现场近万名两岸及海外客家乡亲的齐声唱和，展示了客家人团结奋进的精神。这一夜正好是端午之夜。海峡两岸客家人在台共同举办的"客家之歌"大型电视综艺晚会，为大家献上了精彩的一幕。

◎客家木偶艺术家李明卿在"客家之歌"晚会上表演木偶书法

◎吴伯雄在"客家之歌"晚会上演唱《客家本色》

结 束 语

客家人处处为客，处处为家，从华夏文明的发源地迁徙至人迹罕至的赣南、闽西、粤东的深山中，再播迁至世界各地。他们永远都在路上。这条路不是普通之路，它既充满荆棘，又没有尽头，可就在这样一条常人无法走的路上，客家人凭借坚韧的毅力和永不言败的奋斗精神走出一条希望之路。他们靠的是什么？答曰："崇正。"

那么何谓崇正呢？崇是崇尚。正有二义，一是华夏正统，二是正义。

客家人无论在何时都在用崇正精神规范和鞭策自己，从闽粤赣漂洋过海到台湾的客家人更是矢志不渝地坚持它。一方面是依赖与弘扬客家原乡文化，如"宁卖祖宗田，不卖祖宗言"，顽强地沿用方言乡音；信奉原乡的乡土守护神，以之作为精神支柱；按原乡的家族和宗族形式重新组织家族和宗族；民居建筑仿效原乡形式；珍视和保守原乡旧俗，发扬光大客家人的崇文重教精神等等。而更重要的是恪守中华文化的礼乐教化，弘扬爱国爱民族的优良传统。面对荷兰、法国、日本等列强的侵犯，他们坚持民族大义，高举爱国保种的旗帜，与侵略者进行拼死抗争，高举

◎台湾客家的原乡情结——手工艺品展示

◎台湾客家的原乡情结——油纸伞

义旗、浴血奋战，涌现了刘永福、丘逢甲、吴汤兴、徐骧、姜绍祖、胡嘉犹等一大批彪炳千秋的仁人志士，为客家人增光，为中华民族增光。现在，许多创业有成的客籍华侨，在总结自己何以成功时，也觉得是得益于客家崇正精神。为了让子孙后代永远接受和发扬客家崇正精神，他们一次次把子孙送回到大陆原乡祖籍地及中原发祥地寻根认祖，并发起一次次公祭客籍母亲河的活动。

◎台湾客家的原乡情结——美浓原乡缘文化村

客家人所恪守的崇正精神是客家精神的体现，同时也彰显了客家本色，至今台湾仍在流传的名曲《客家本色》一直激励、鼓舞着客家子弟。歌词如下：

> 唐山过台湾无半点钱，
> 刹猛打拼耕山耕田。
> 咬姜啜醋几十年毋识埋怨，
> 世世代代就恁样勤俭传家。
> 两三百年无改变，
> 客家精神莫豁掉永远永远！
> 时代在进步、社会在改变，
> 是非善恶充满人间。
> 奉劝世间客家人修好心田，
> 正正当当做一个良善介人。
> 就像摁介老祖先，
> 永久不忘祖宗言千年万年！

◎唐山过台湾　筚路辟新天

参考文献与图片来源

[1] 谭元亨：《千年圣火：客家文化之谜》，江苏古籍出版社，2002年版.

[2] 黄发有：《客家漫步》，南方日报出版社，2002年版.

[3] 刘佐泉：《客家历史与传统文化》，河南大学出版社，1991年版.

[4] 姚同发：《台湾历史文化渊源》，九州出版社，2002年版.

[5] 《两千客家人赴中原寻根拜祖》，广东侨网·侨务新闻，2003年10月27日.

[6] 《世界客属恳亲大会掀起了新一轮的中原寻根热》，《人民日报》（海外版），2003年10月28日，第五版.

[7] 《台湾人李纯恩六赴洛阳寻根 台客家文化起源于洛阳》，华夏经纬网，2010年6月8日.

[8] 黄美金：《台湾乡土教材》（客家族群篇），华泰文化事业公司印行，2001年版.

[9] 谢重光：《海峡两岸的客家人》，幼狮文化事业股份有限公司，1999年版.

[10] 谢重光：《客家源流新探》，福建教育出版社，1995年版.

[11] 谢重光：《客家形成发展史纲》，华南理工大学出版社，2001年版.

[12] 谢重光：《闽台客家社会与文化》，福建人民出版社，2003年版.

[13] 刘善群：《客家与石壁史论》，方志出版社，2007年版.

[14] 高大林：《调查显示台湾泛客家族群人口比例达25.6%》，中国台湾网，2008年12月26日.

[15] 何正斌、张恩庭：《石壁与台湾客家》，宁化县客家研究会，2008年.

[16] 福建漳州市客家文化联谊会：《海峡客家》，中国文史出版社，2006年版.

[17] 陈志忠：《侨报20周年客家集》，三明侨报社，2009年.

[18] 徐正光：《徘徊于族群和现实之间：客家社会与文化》，正中书局，1991年版.

[19] 《厦门与客家：石氏家族参与开发厦门客家人经厦迁台》，厦门网，2007年9月26日.

[20] 徐正光：《台湾客家族群史》（社会篇），台湾文献馆，2002年.

[21] 徐博东、张明华：《台湾传统文化探源》，商务印书馆，1996年版.

[22] 王晋民：《台湾当代文学》，广西人民出版社，1986年版.

[23] 方芳：《台湾学者企业家张文政和他的客家情、中原文化根》，http://www.sass.cn/bscnews.asp?NewsID=439，2002年12月20日.

[24] 刘日太、何正彬主编：《石壁与客家世界：第三届宁化石壁与客家世界学术研讨会论文集》，山西人民出版社，2009年版.

[25] 三明市客家联合会编：《三明客家》，2006年第2期.

[26] 詹托荣：《千名客属后裔宁化寻根祭祖》，《海峡导报·福建新闻》，2010年12月3日第42版.

[27] 钟晋兰：《浅论闽西与台湾客家的关系》，闽西新闻网，2011年1月20日.

[28] 赖雨桐：《蕉岭客家与台湾的渊源关系》，客家论坛，2001年10月16日.

[29] 陈睿、陈昌：《"大陆新娘"卢月香》，客家祖地网，2009年11月23日.

[30] 《两岸媒体闽西游"客家母亲河"重温客家情》，你好台湾网，2009年10月29日.

[31] 《台湾客家学者：客家人是中华民族中很优秀的一支》，中国新闻网，2007年8月9日.

[32] 李相生、李蒲河：《闽西通讯》，2009年，第8期.

[33] 《台湾客家学者参访世界客都》，海峡之声网，2009年8月26日.

[34] 《广东三山国王祖庙赴台会香祈福》，华夏经纬网，2009年11月9日.

[35] 《两岸媒体联合重走客家迁台路》，厦门网，2009年11月1日.

[36] 《两岸客家文化研究院永定揭牌吴伯雄题写原名》，http://www.cnwest.com，2010年6月23日.

[37] 《台胞9个参访团武平朝拜客家保护神》，《福建日报》，2010年9月13日.

[38] 《武平定光古佛金身的首次台湾行》，新华网福建频道，2010年12月25日.

[39] 《吴伯雄为闽西客家题材影片〈大山寨〉题写片名》，中国新闻网，2011年1月19日.

[40] 《两岸客家你来我往的互动交流》，中国新闻网，2010年5月7日.

[41] 徐金星：《河洛学与民族圣地研究》，大众文艺出版社，2008年版.

[42] 陈运栋：《台湾的客家人》，台原出版社，1988年版.

[43] 陈运栋：《台湾的客家礼俗》，台原出版社，1991年版.

[44] 江运贵：《客家与台湾》，常民文化事业股份有限公司，1996年版.

[45] 刘还月：《台湾的客家人》，常民文化事业股份有限公司，2000年版.

[46] 刘还月：《台湾的客家族群与信仰》，常民文化事业股份有限公司，1999年版.

[47] 钟肇政：《台湾客家族群史（总论）》，台湾文献馆，2004年.

[48] 曾喜诚：《台湾客家文化研究》，台湾中央图书馆台湾分馆，1999年版.

[49] 王一婷：《台湾的古道》，台湾远足文化事业股份有限公司，2002年版.

[50] 李镇岩：《台湾的书院》，台湾远足文化事业股份有限公司，2008年版.

[51] 王奕期等：《台湾的古迹》（南台湾），台湾远足文化事业股份有限公司，2005年版.

[52] 李泰昌等：《台湾的古迹》（北台湾），台湾远足文化事业股份有限公司，2004年版.

[53] 张志远：《台湾的古城》，台湾远足文化事业股份有限公司，2007年版.

[54] 王存立、胡文青：《台湾的古地图》（明清时期），台湾远足文化事业股份有限公司，2004年版.

[55] 张志远：《台湾的敬字亭》，台湾远足文化事业股份有限公司，2006年版.

[56] 罗维猛、邱汉章：《客家人文教育》,中国大地出版社，2003年版.

[57] 黄永达：《从"开基祖"称谓及开台始祖派下"公号"与移垦地的关系看台湾客家人的在地认同》，中坜清云技术学院电子工程系及通识科.

[58] 樊洛平：《台湾客家"移垦社会"的生存形态》，http://jpkc.zzu.edu.cn/zgxddwx/shownews.asp?id=83.

[59] http://www.easy-tour.cn/hy/special/fq/3121.htm.

[60] http://www.sjksdh.com/html/kejiafengqing/minge/2009/0812/1269_2.html.

[61] http://hakka.meizhou.cn/hakkanews/0911/10/09121300392.html.

[62] http://www.gd-info.gov.cn.

[63] http://baike.baidu.com.

[64] http://www.woosee.com.

[65] http://www.ktvc8.com.

[66] http://digitalmuseum.zju.edu.cn.

[67] http://news.southcn.com.

[68] http://www.big-china.org.cn/blog/index.php?load=read&id=393.

[69] http://lywb.lyd.com.cn/html/2010-06/08/content_639764.htm.

[70] http://www.mtw168.com/bbs/thread-15706-1-1.html.

[71] http://52hakka.com/list.asp?id=643.

[72] http://www.yunda56.net/quhua/taiwan/013pd.htm.

[73] http://baike.baidu.com/history/id=13058410.

[74] http://www.kjwhsky.com/forum.php?mod=viewthread&tid=37774.

[75] http://www.zsnews.cn/Backup/2010/02/03/1345000.shtml.

[76] http://content.edu.tw/local/taichun/yuan/h008/txt/1/1-1.htm.

[77] http://wiki.hakkasky.cc/doc.php?action=view&docid=2130.

[78] http://image.baidu.com.

[79] http://www.huizhou.cn.

[80] http://www.mzktxyl.com.

[81] http://www.360doc.com.

[82] http://www.fotoe.com.

[83] http://lytv.net.cn/tx/news_show.asp?id=2701.

[84] http://content.edu.tw.

[85] http://www.meizhou.cn.

[86] http://travel.cnwest.com.

声明： 根据《中华人民共和国著作权法》的规定，本社向本书所刊图片的作者付酬，凡因条件限制未能及时取得联系的作者，敬请与本社联系。